전설이 된 어느 낙하산 감사 이야기

행복한
은퇴자

전설이 된 어느 낙하산 감사 이야기

행복한
은퇴자

W미디어

 머리말

1997년 12월 3일 우리나라는 국민적·국가적 위기상황에 직면했다. 사상 초유의 외환위기를 맞아 IMF, 즉 국제통화기금에 자금지원을 요청하게 된 것이다.

이른바 IMF 외환위기. 이를 극복하고자 국제통화기금에서 요구하는 조건들을 수행하는 과정에서 많은 회사들이 부도를 맞았고, 대량 해고와 경기 악화로 인해 온 국민이 어려움을 겪었다.

이후 3년이 지난 2000년 12월 4일 국제통화기금의 차관을 전부 상환하고 김대중 대통령이 '우리나라가 IMF 위기에서 완전히 벗어났다'고 공식발표를 함으로써 IMF 시대가 종료되었다.

IMF는 천재(天災)가 아닌 인재(人災)라 할 수 있다. 관치 중심의 경제 정책과 불합리한 판단으로 인해 과도한 해외 단기차입금을 허용한데다가 부실기업에 대한 처리가 제대로 이루어지지 않았으며, 급박한 국제상황을 정확히 파악하지 못하여 외환관리 및 환율 운용에 실패한 것이다. 여기에 금융기관의 부실까지 겹쳤으니… 설상가상(雪上加霜), 엎친 데 덮친 격으로 경제는 이중 삼중의 어려움을 겪어야 했던 것이다.

수많은 기업이 쓰러졌고, 부실한 금융기관들은 퇴출 또는 합병이 되는 재계의 지각변동과 국가적 위기의식이 팽배하던 때였다.

바로 그 때 나는 DJ정부 시절인 1998년부터 2001년까지 3년 동안 국책금융기관인 S기금의 감사로 재직했다. 소위 낙하산 인사였다.

당시는 정권 교체 직후인데다가 IMF 외환위기가 닥쳐서 국가 비상사태나 다름없었다. 이 같은 격랑 속에서 금융권, 그것도 기업 부실 문제를 핵심적으로 다뤄야 하는 감사업무를 맡았으니… 누구보다도 현장에 가까이 있었던 셈이다. 게다가 노조원의 눈총을 받는 낙하산 인사라는 신분이었으니 말이다.

출근 전부터 협박성 전화를 받았는가 하면, 출근 당일에는 노조원들의 저지를 받기도 했고, 보이지 않는 방해도 적지 않았다.

그러나 나는 내게 주어진 역할을 회피하거나 주저하지 않았고, 격랑에 휩쓸리지도 않았다. 그 이면에는 나와 운명을 같이 하겠다는 감사실 직원 모두의 뜨거운 열정과 헌신이 있었고, 무엇보다도 하나님의 가호가 있었으리라.

여러 모로 부족한 나의 기록이, 앞으로도 있을 그리고 정치라는 형태가 존속하는 한 영원이 되풀이될 '낙하산'이란 이름의 수

많은 외부인사들에게 작은 도움이 되기를 바란다. 물론 감사라는 본연의 업무에도 도움이 된다면 더 말할 나위가 없다.

한 가지 양해를 구할 것은, 지면을 통해 내가 겪은 사건의 내용을 구체적으로 설명하거나 관계자의 실명을 거론할 수는 없기에 다소 이해가 곤란할 수도 있다는 점이다. 하지만 자칫하면 업무상 기밀을 건드릴 소지가 있고, 관련자들의 신상도 보호해야 하기 때문이라는 점을 이해해 주셨으면 한다.

끝으로 이 책이 나오기까지 애써 주신 모든 분들께 심심한 감사의 말씀을 드린다. 아울러 부족한 친구를 믿음으로 추천한 G 전 장관에게 마음 속 깊이 고마운 뜻을 전한다.

차례

10년 만에 걸려온 전화

3년 전의 일이다. 연말 즈음, 갑자기 전화가 걸려 왔다.

"감사님! 안녕하세요? 조○○입니다."

그 이름을 듣는 순간, 나는 파릇파릇 움트는 새싹으로부터 마치 봄을 알리는 소식을 듣는 듯 수화기를 든 채로 한동안 멍하니 서 있었다.

희미한 안개처럼 뿌옇고 아련한 기억 저 너머로 아직까지 남아 있는 옛 직원의 얼굴이 서서히 떠오른 때문이다.

"아니! 자네가 웬일인가? 전화를 다 하고."

너무도 뜻밖이어서 놀라는 한편 반갑기도 하여 나도 모르게 큰 소리를 질렀다. 옆에 있던 안식구가 깜짝 놀랄 정도로.

"연말도 되고 해서… 예전에 감사실에서 함께 근무하던 동료들끼리 한 번 모이자는 의견이 있었습니다. 그래서 기왕이면 감사님도 와주셨으면 해서요."

"허어! 이렇게 잊지 않고 연락을 주니 고맙네만… 그런 자리에 이미 퇴직한 늙다리가 끼면 오히려 분위기를 해치진 않을까?"

"무슨 말씀을―! 모두가 뵙고 싶어 합니다. 꼭 참석해 주십시오."

처음에는 은퇴 후의 내가 어떻게 사는지 궁금해서 한 번 만나려는가 싶었다. 내가 재직할 당시 실무 과장이던 친구가 이제는 어엿한 중견 지점장이 되었으니… 세월이 정말 화살처럼 빠르다는 생각이 들었다.

머지않아 그들도 정년이 될 테고 은퇴를 할 것이다. 과연 은퇴 후에는 어떻게 살아야 할지 고민할 때도 되었으리라 여겼던 것이다.

"허어! 그렇다면 고맙군 그래. 그러고 보니 자네들도 벌써 은퇴 걱정을 하는 나이가 되었구먼. 하긴 전원생활에 대해서 궁금한 점이 있다면 내 이야기도 들을 만하겠지."

내가 그 모임에 초대를 받아 처음 참가한 것은 회사를 떠난 지 10년이 지난 뒤였다. 그렇게 시작되어 가지기 시작한 옛 직원들과 연말 회식도 어언 세 번째를 맞게 되었다.

그저 3년의 임기를 보냈을 뿐인데, 강산도 변한다는 10년이라는 세월이 흘렀건만… 그래도 잊지 않고 다시 나를 찾아주는 옛 직원들이 고맙기 그지없었다.

"10년 만에 옛 식구들을 만나니 마치 타임머신을 타고 다시 그

시절로 돌아간 것 같아. 기억이 새롭군, 그래."

자칫 잊을 뻔했던 옛 직원들의 얼굴을 다시 대하는 순간 나는 감개가 무량하여 눈시울이 잠시 화끈했다.

"감사님이 떠나시고서 10년이 지나자 소위 '약발'이 떨어진 모양입니다. 요즘 회사 분위기가 예전 같지 않습니다. 그래서 감사님 계실 때 함께 근무하던 감사실 직원들이 모이면 늘 이야기합니다. 예전엔 그렇지 않았다고요. 그래서 감사님을 모시고 꼭 자리 한 번 갖자는 데 의견 일치를 본 겁니다."

세월 앞에 장사 없는 법. 감사실 분위기라고 바뀌지 않을 수 있을까? 예전에 내가 처음 근무하던 때를 생각하니 그들이 과연 무엇을 걱정하는지 대략 짐작이 갔다.

"당시 감사님을 모시고 일하던 저희 감사팀을 다른 사람들은 '전설'이라고 한답니다."

전설? 그리고 보니 윌 스미스가 주연한 「나는 전설이다(I Am Legend)」라는 영화를 본 것 같은데… 다소 거창하긴 하지만 그래도 10년이 지나도 회자(膾炙)되는 전설을 만들어냈다니… 한편으로는 '내가 인생을 헛살지는 않았구나' 하는 생각과 함께 당시의 일이 떠오른다.

나는 DJ정부 시절, 1998년부터 2001년까지 3년 동안 국책금융기관인 S기금 상임감사로 근무했다. 소위 낙하산 인사였다.

당시는 정권 교체 직후인데다가 IMF 외환위기가 닥쳐서 국가 비상사태나 다름없었다. 하루가 멀다 하고 기업들은 부도가 났고,

대형 금융사고가 일어나 국민들의 삶은 팍팍 했으니… 당연히 내가 속한 금융기관의 감사팀은 정신을 차릴 수가 없을 정도로 바빴다. 간신히 문제 하나를 해결하고 돌아오기가 무섭게 다른 사고가 일어났으니… 야근은 필수요 식사조차 거르는 경우도 많았다.

그처럼 힘들고 혹독한 와중에도 감사실 직원들은 불평 한마디 없이 혼신의 힘을 다했다. 마치 풍랑을 만난 배를 무사히 목적지까지 끌고 가는 뱃사람들처럼 외환위기를 수습하려는 사명감으로 충만했다.

회고해 보면, 사실 그 시절의 이야기는 전설이 될 만도 했다. 지금은 그 때와 같은 모진 풍랑을 상상하기도 어렵고, 또 그들처럼 열정과 책임감으로 일할 사람들도 찾기 힘들 테니까.

"시대마다 다른 위기가 있고, 또 그것을 짊어지고 해결하는 주인공은 다르지. 그게 자연법칙 아닌가. 과거 우리가 겪었던 시절은 그 때 대로 의미가 있을 뿐 지금은 그저 흘러간 추억에 불과해. 그토록 연연해하고 집착할 일은 아닐세."

어쩌면 현실에서 부딪히는 불편한 사례들이 지난 시절의 아름다운 추억과 맞물려 일으킨 아쉬움의 표현일 수도 있었다.

"아무리 세월이 흐른다고 해도… 감사님이 그리고 저희들이 애써 세운 감사실의 전통이 사라지는 것 같아 속이 상합니다. 그래서 대부분의 직원들이 감사님 당시의 감사실을 전설의 팀이라고 하는 거지요."

"오랜 직장 생활을 회고해 보니 내가 어떤 직위에 있었느냐 하는 것보다 어떤 일을 하고 보람을 느꼈는지가 더욱 소중하다는 사실을 깨닫게 되더군. 같이 일했던 동료들이 그렇게 평가해 준다면 나는 정말 복 받은 사람이겠지!"

그렇게 말하면서도 이제는 은퇴하여 전원생활을 하고 있는 내가 어느 새 다시 예전의 감사로 돌아간 기분이 들었다. 전철을 타고 돌아오는 내내 까맣게 잊고 있었던 옛 기억의 편린들이 마치 어제 일처럼 생생하게 떠오르며 주마등처럼 스쳐갔다.

'그래, 어쩌면 당시의 일은 한 편의 드라마가 되고도 남을 거야!'

그래서 나는 작은 결심을 했다. 옛 기억을 더듬어 당시의 이야기를 기록으로 남기기로 마음먹은 것이다.

물론 내겐 소중한 추억이지만 어찌 보면 남에게는 별 가치가 없는 것일 수도 있다. 하지만 세상의 흐름, 역사의 큰 줄기는 미약하기 그지없는 개개인의 작은 힘이 모여 이루는 것 아니겠는가.

외환위기가 닥친 시절, 우리의 활동은 당면한 것이었고 개인적으로는 작은 희생을 한 것이었지만, 그들이 모여 '전설'을 만들었다는 것은 그만큼 되돌아볼 만한 가치가 있는 때문이리라.

그것이 한 회사의 그리고 한 때 회자되는 '전설'이 아니라 우리 사회가 수중하게 지켜볼 만한 가치가 있는 '전통'이 될 수도 있을 것이라는 강렬한 열망이 내 가슴 한 구석에서 뜨겁게 용솟음치기 시작했다.

노조의 낙하산 저지

"K씨 댁이죠?"

"네, 그렇습니다."

"저는 S기금의 노조 부위원장입니다."

수화기를 통해 들려오는 목소리에는 팽팽한 긴장감이 배어 있었다.

"아, 그래요. 헌데 웬일입니까?"

"저희들이 입수한 정보에 의하면 저희 회사 감사로 부임하신다는데… 아시는지요?"

솔직히 나는 그 전화를 받기 전까지는 S기금의 감사로 내정되었다는 사실을 전혀 알지 못하고 있었다. 그런데 노조가 먼저 알려준 셈이니 참으로 기분이 묘했다.

"단도직입적으로 말씀드리겠습니다. 분수를 아신다면 감사직을 스스로 사양하십시오."

답변을 기다리지도 않고 단숨에 토해내는 말이 여간 귀에 거슬리는 것이 아니었다.

"내게 무슨 문제라도 있나요? 게다가 '분수'라뇨?"

"전문성도 떨어지고, 경력도 저희 회사 감사로는 격이 맞지 않다고 생각하지 않으시나요?"

아마 전에 내가 근무한 곳이 민간회사라서 정책금융기관인 S기금과 비교하면 격이 떨어진다고 생각하는 모양이었다.

"내 경력에 시비를 거는 것은 본인 자유지만… 제대로 알지도 못하면서 내 전문성을 논하는 것은 문제가 있다고 생각하지 않소?"

비위에 거슬리는 말을 듣자 나는 치미는 부아를 누르기 힘들었다.

"굳이 전문성을 따지겠다면 시험이라도 볼 테니 어디 테스트해보구려."

전화를 한 노조 간부는 내가 이토록 강경하게 나올 줄은 꿈에도 몰랐을 것이다. 처음의 오만하던 말투에 브레이크가 걸린 것처럼 당황하는 기색이 역력했다.

"여하튼 저희 회사는 아무나 감사를 맡을 그런 회사가 아닙니다."

"나는 아무나가 아니니 좀 더 자세히 알아보고 다음에 이야기합시다."

내친 김에 나는 강하게 밀어붙였다.

이렇게 노조 간부와 전화로 신경전을 벌인 것이 S금융기관의 감사로 부임하는 첫 관문이었다.

'허어! 당사자인 나도 모르는데 S기금 감사라니? 게다가 노조 간부는 또 뭐야? 자격 운운하고… 이나 저나 앞길이 험하겠는걸.'

며칠 후, 정부기관으로부터 공식적인 통보가 왔다. S기금의 감사로 발령이 났다는 것이다. 정말이지 노조의 정보력을 만만히 볼 일이 아니었다.

출근 첫날 회사 앞 풍경은 내 예상과 크게 다르지 않았다. 머리에 붉은 띠를 질끈 두른 수십 명의 노조원들이 스크럼을 짜고 회사 입구를 봉쇄한 채 서 있었다. 그리고는 서슬이 시퍼렇게 주먹을 불끈 쥐고 구호를 외쳐댔다.

"낙하산 감사 K는 물러가라!"

"물러가라! 물러가라!"

아예 나를 회사 안으로 한 발짝도 들어서지 못하게 막을 태세였다. 그들의 비장한 표정을 보니 나도 마음이 편치 않았다.

'대학시절 명색이 운동권 언저리에서 얼쩡거렸던 난데… 이젠 내가 이렇게 비토 대상이 되기도 하는구나!'

남을 향해 손가락질만 했던 내가 이제는 반대의 처지가 되어 손가락질을 받고 있는 것이었다. 상전벽해(桑田碧海)라는 말이 틀리지 않았음을 실감하는 순간이었다.

하지만 이런 생각을 하니 노여움도 스르르 풀렸고, 그들이 밉

기보다는 오히려 친근한 느낌마저 들었다. 과거 데모를 할 때 내 모습도 저랬을 것이니 말이다.

감사실 직원들이 나타나 나를 옹위하며 노조의 저지선을 돌파하려고 했다.

"그러지들 마세요."

나는 그들을 만류했다. 애초부터 노조와 완력으로 맞설 생각이 없었기 때문이다. 가뜩이나 낙하산 인사라고 시끄러운데 출근 첫날부터 밀고 당기는 추태를 보여서야 되겠는가 싶었다.

한편으로는 앞서 이야기했듯 노조원들의 모습에 과거 학생운동을 하던 때의 모습이 오버랩 된 때문일지도 모른다.

게다가 앞으로 며칠 동안은 주요 언론사와 관계기관에 취임 인사를 다녀야 했으니 최소한 사나흘은 굳이 사무실에 들를 필요가 없다고 판단한 것이다.

내가 아무런 저항 없이 물러나자 노조원들이 오히려 머쓱한 듯했다.

이튿날도 같은 일이 반복되었다. 노조원들은 나를 저지하고, 나는 회사에는 들어가지도 못하고 조용히 물러나고.

사흘째는 주말이어서 나는 미리 다른 약속을 해두었다. 그런 사정을 모르는 노조는 혹시나 방어를 소홀히 하면 구멍이 뚫릴까 노심초사했다. 하지만 7월의 무더운 햇볕 아래 서 있자니 여간 고역이 아닐 터였다.

"주말인데다가 다른 약속이 있어서 사무실에 나올 계획이 없으니까 내일은 굳이 나를 막으려고 밖에 나와 지키지 않아도 되네. 오늘 내일 푹 쉬고 월요일에 다시 만나세."

화를 내기는커녕 고생하는 자신들을 위로하고 돌아서는 나를 보며 노조 간부들은 뜻밖이라는 듯 의아한 표정이었다.

다시 월요일이 되었다. 출근을 하여 차에서 내리니 한 노조 간부가 내게로 다가왔다. 이번에는 무슨 수작을 펼치진 않으려나 생각하며 가만히 있었는데… 뜻밖에도 그가 이렇게 말하는 것이었다.

"노조위원장이 요 아래 커피숍에서 기다리고 있습니다."

출근 나흘째, 회사에 발을 들여놓기 전에 결국 노조 지도부와 결정적인 회동이 이루어진 셈이다.

커피숍으로 가자, 기다리고 있던 노조위원장과 간부들이 이구동성으로 입을 열었다.

정리하면, 감사는 공정하게 하고 억울한 희생자가 없게 해달라는 것이었다. 또한 나머지 제시한 내용들도 대부분 합당한 요구였다. 형식은 주문이었지만, 내용은 부탁이었고 결코 감사가 외면할 일이 아니었으므로 거절할 이유가 없었다.

"알겠소. 내 충분히 반영하리다."

"그러면 오늘부터 저희들은 출근 저지 투쟁을 마감하겠습니다."

아마 의례적인 낙하산 인사 기죽이기 정도로 그칠 모양이었다.

어쩌면 자기들을 대하는 나의 태도에서 전혀 적개심을 발견할 수 없었던 데 따른 자연스런 반응이었을 수도 있다.

"아니야, 삼 세 번은 해야지. 겨우 두 번으로 그치면 너무 싱겁잖아?"

웃으면서 차례로 악수를 나누었지만 모두 멋쩍은 표정이었다.

정권이 교체되고서 정부 산하기관장과 감사가 임명되자 곳곳에서 낙하산 인사를 반대하는 노조의 출근 저지 투쟁이 벌어지고 있었다. 정도의 차이는 있지만 이른바 낙하산 인사들은 예외 없이 홍역을 치러야 했다. 그나마 나의 경우는 아주 짧은 시간에 저지선이 풀린 경우에 속한다고 할까.

이어 주무부처의 장관실에서 임명장을 받으러 오라는 연락이 왔다.

"낙하산 출신이라고 노조가 출근을 막는다는데… 어려움이 많지요?"

임명장을 주면서 장관은 매우 걱정스런 표정으로 말했다.

"괜찮습니다. 노조한테 삼 세 번은 하라고 했는데 겨우 이틀로 끝내고 마는군요. 너무 싱거워서 저를 우습게 보는 게 아닌가 하는 생각도 듭니다."

장관실에 있던 사람들은 처음에는 무슨 말인가 의아해 하다가 뒤늦게 알아차리고는 모두가 웃음을 터뜨렸다.

어쨌거나 나는 첫 번째 관문을 그런 대로 무탈하게 넘어선 것이다. 과연 또 어떤 일이 기다리고 있을지?

케이크 속의 봉투

취임 초부터 바쁘게 지내다 보니 정시퇴근은 꿈도 꾸지 못할 일이었고, 밤늦게 그것도 11시를 넘겨 귀가하는 날이 많았다.

그 날도 여느 때와 마찬가지로 밤늦게 집에 돌아오니 테이블 위에 상자 하나가 놓여 있었다.

그때 내 뇌리를 스치는 말이 있었다. 선자불래 내자불선(善者不來 來者不善), 착한 이는 오지 않고, 온 이는 착하지 않다는 말이 있다. 무협지에나 등장하는 말이지만 세상이 얼마나 험하면 이런 말까지 생겼을까?

과연 불길한 예상은 틀리지 않았다.

"이거 웬 거요?"

"모르겠어요. 어떤 사람이 와서 두고 갔어요. 취임 축하 케이크라면서."

"누가?"

"어디 지점장이라고 했는데… 참, 상자 속에 명함이 있다고 했어요."

상사의 집을 찾아 선물을 전하다니? 내가 전에 다니던 회사에서는 상상조차 할 수 없는 일이었다. 회사의 최고경영자가 용납하지 않았던 때문이다. 혹시라도 직원이 상사의 자택을 방문하는 사실이 알려지면 그만큼의 불이익을 받게 되고 양쪽 다 망신스럽게 여겼다.

그런 풍토에 익숙해진 나였기에 누군가 집에 와서 선물을 전했다는 것이 당혹스러울 수밖에 없었다. 불쾌함과 불안감이 뒤섞인 채 상자를 열어 보니 과연 생각대로였다.

케이크와 함께 고액권이 담긴 봉투가 있었던 것이다. 물론 모 지점장이라는 명함도 있었다.

언론 보도에서나 들었던 현찰 봉투가 마치 이브를 유혹하여 선악과를 따먹게 만든 뱀의 혀처럼 날름거리는 것 같았다.

상당한 현찰이 오갔더라도 누군가 당장 이익을 보거나 어떤 청탁이 없었다면 업무상 뇌물죄가 성립되지 않는다고 우기는 사람들이 생각났다. 뇌물이 아니라 단순히 보험을 들었을 뿐이라고 하였던가?

하지만 나는 늘 그 부분을 이해할 수 없었다. 본인이 저질렀거나 또는 앞으로 저지를 부정에 대한 손해를 막고자 보험을 든 것인데… 업무와 관계가 없다고 할 수 있을까? 그래서 미리 보험을 들면 알아서 봐주는 등식이 성립하는 모양이었다.

노조와의 마찰을 간신히 피했는데, 이번에는 비노조원으로부터 묘한 공세를 받은 것이다. 약일까 아니면 독일까? 과연 어떻게 처리해야 할까?

어느 강직한 장관이 뇌물을 가져온 사람을 만인 앞에서 망신을 줬더니 그 후로는 누구도 뇌물을 주려고 하지 않았다는 이야기가 생각났다.

'마침 잘 됐다. 이 작자를 표본으로 읍참마속(泣斬馬謖)을 하여 일벌백계(一罰百戒)의 표본을 삼을까? 그러면 두 번 다시 이런 일은 없을 테지. 그러면 발본색원(拔本塞源)의 효과를 볼 수 있는 것 아닌가?'

서너 개의 고사성어를 떠올리며 나는 한동안 고민을 했다. 그리고 내 생각을 바꾸기로 했다. 아무도 모르도록 조용히 매듭을 짓기로 한 것이다.

취임 초였기에 내 성격을 잘 모르고 저지른 일일 터인데, 한 번 실수를 했다고 그의 인생마저 망가뜨릴 수는 없는 일 아닌가.

물론 비리를 근절하겠다는 명분을 내세운다면 아무도 나를 비난하지는 못할 것이다. 그러나 한편으로는 내 자신의 강직함을 보이기 위해 누군가를 희생양으로 삼는 것은 너무 잔인한 일이 아닐 수 없었다. 그저 그간의 관행이 이랬다고 생각하니 가슴이 아플 뿐이었다.

이튿날 나는 점심시간에 맞춰 그 지점에 들렀다. 지점장 이하

팀장들에게 점심을 산다는 구실이었다. 의례적인 순시를 빙자하여 모두에게 감사의 역할에 대해 설명을 했다. 그리고 외환위기라는 당면한 상황에서 우리가 감당해야 할 책무가 얼마나 막중한지도 재삼 강조했다.

결론은 감사인 내가 바른 자세로 업무에 임할 것인 즉 모두 따라줬으면 한다는 것이었다. 언중유골(言中有骨)이라고 아마 지점장은 알아들었을 것이었다.

다른 직원들을 내보낸 후 지점장과 단 둘이 남은 자리에서 조용히 물었다.

"인사 온 것이 큰 문제는 아니지만… 현금 봉투는 무슨 뜻인가?"

"너무 약소해서 죄송합니다. 쓰실 일이 많으실 텐데……."

이건 또 무슨 엉뚱한 반응이란 말인가? 혹시 돈이 너무 적어서 내가 불만스러워하는 것으로 알고 있는 건가. 나는 역겨운 기분에 더 이상 말을 잇기가 어려웠다.

"앞으로 다시는 이런 일 없도록 하게. 또 그러면 그냥 넘어가지 않을 거야."

속은 부글부글 끓었지만 겉으로는 미소를 지으며 나는 문제의 봉투를 돌려주었다.

그런데 며칠 후, 또 다른 지점장이 집을 방문하여 선물을 놓고 갔다.

"아니, 같은 일을 당하고도 이런 걸 받으면 어떻게 해?"

나는 애꿎은 아내를 닦달했고, 아내 역시 볼멘소리를 했다.

"안 된다고 여러 번 거절했는데… 막무가내로 놓고 갔어요."

상자 안에는 지난번보다 더욱 두툼한 봉투와 명함이 들어있었다.

'이번에는 아주 공개를 해서 묵사발을 만들어 버릴까?'

하지만 아무리 그래도 형평이 맞아야 할 것 같았다. 이번 지점장도 지난번처럼 처음 찾아온 것인데 달리 취급한다면 불공평하다고 생각할 수 있지 않겠는가.

결국 본의 아니게 나는 초도순시처럼 각 지점을 둘러보는 것이 일과가 되었다. 감사가 현장을 돌며 담당 간부들을 격려하는 모양새가 된 것이다.

그럼에도 그치지 않고 같은 일이 되풀이되자 내 인내심도 바닥이 나고 말았다. 그리고 언제까지 이 같은 일을 반복해야 할 것인지 회의가 들기도 했다.

그러나 한편으로는 걱정과 탄식이 앞섰다. 얼마나 불안하고 두려워서 이러는 걸까? 과거에는 감사와의 관계가 어땠을까?

그런데 나보다 몇 개월 앞서 취임한 사장은 아주 강직한 성격의 소유자였다. 조그마한 잘못도 용서가 없다는 소문이 퍼져 모두들 떨고 있었다. 그러니 감사에게라도 의지해보고 싶었는지도 모를 일이었다.

나는 경직된 회사 분위기를 감안해서 더 이상 찾아오는 간부들이 없을 때까지 그들과의 만남을 계속하기로 했다.

그런데 훗날 그들이 왜 이런 일을 벌였는지를 알게 되자 실소를 금할 수 없었다. 그들은 단지 새로 온 감사를 시험했을 뿐이었다. 여러 차례 다른 사람이 찾아 온 것은 정말 돈 봉투를 받으려 하지 않는 것인지 액수가 적어서인지 정확히 알기 위한 의도였던 것이다.

만약 어느 지점장이 돈 봉투를 줬는데 내가 받았다면 즉각 모든 지점장에게 그 사실이 알려지고 나에 대한 평가가 내려진다고 했다. 그러면 마음 놓고 너도 나도 돈 봉투를 들이 밀어도 된다는 말이었다.

차츰 돈 봉투의 두께가 달라진 것도 과연 얼마의 액수라면 만족할지 알아보자는 계산이 저변에 깔려 있었던 것이다.

"감사님이 봉투를 받지 않으신다는 사실을 이제는 모든 지점장들이 알고 있습니다. 점심까지 사 주시면서 조용히 처리해 주셔서 모두가 고맙게 생각하고 있다는군요."

훗날 감사실장이 은밀히 내게 귀띔을 했다.

'아니! 감사실장까지? 그렇다면 모두가 알고 있었다는 말 아닌가.'

나는 뜨끔하지 않을 수 없었다. 만약 내가 봉투를 받거나 어떻게 처리할지를 모르고 우물쭈물했다면 그들은 과연 나를 어떻게 평가했을까? 등골에서 식은땀이 흐르는 것을 느꼈다.

하지만 한편으로는 당시 조용히 처리하려 했던 내 진심이 그들에게도 전해졌고, 임기 3년 내내 나를 지켜주는 호신부 역할을 한 것일 수도 있었다.

'그래, 무슨 일이든지 당당하게 맞서는 거야.'

그 놈의 자식 때문에

내가 감사로 취임하자 사장은 임원들과 함께 환영 오찬을 가졌다. 오찬 장소는 여의도에 있는 고급 한정식 집이었다.

모두 좌정하자, 사장은 대뜸 나의 친구인 G장관과 통화한 이야기를 공개했다.

나는 고교 동기생인 G장관의 추천으로 정치권과 인연을 맺었다. 그런 만큼 G장관은 평소에도 알고 지내던 우리 회사 사장에게 전화를 했던 모양이었다.

"G장관이 내게 전화를 해서 K감사를 잘 부탁한다고 합니다. 그래서 내가 그랬어요. 그 놈의 자식 때문에 내가 얼마나 골치를 앓았는지 아느냐고 말예요."

뒤에 알게 된 사실이지만 주무장관이 나를 천거하는 과정에서 사장이 수고로운 역할을 한 모양이었다. 마침 회사의 감사가 연임이었기에, 사장은 그를 산하기관을 맡도록 발령하고 그 자리에 신임인 나를 앉히기로 한 것이었다.

정권 교체기에는 흔치 않게 벌어지는 일이지만, 사장은 그런 일을 처리하느라 어려웠다는 것이었다.

하지만 그 때까지만 해도 나는 전후사정을 알지 못했던지라 사장이 내 친구인 G장관에게 왜 그런 말을 했는지 도무지 영문을 알 수가 없었다. 더구나 느닷없이 튀어나온 '그 놈의 자식'이라는 막말이 과연 누구를 지칭하는지도 단번에 파악할 수 없었다. 나를 지칭하는 것인지 아니면 지난 번 감사를 가리키는 말인지.

그런데 곰곰 생각해 보니 '그 놈의 자식'이란 바로 나를 가리키는 것임을 알 수 있었다. 아무리 내가 아랫사람이라도 그렇지 장본인 앞에서 '그 놈의 자식'이라니!

"아이고, 감사합니다. '그 놈의 자식' 때문에 참으로 고생이 많으셨군요. 하하―!"

무슨 뜻이 숨어 있는지 전혀 가늠할 수는 없었지만 성급하게 화를 내서는 안 될 듯싶었다. 오히려 나는 일부러 호탕하게 웃으며 사장의 막말을 농담으로 슬쩍 받아 넘겼다.

다른 임원들은 우리가 무슨 이야기를 하는지 헷갈리는 모양이었고, 뒤늦게 알아들은 한 임원은 눈을 동그랗게 뜨고 나와 사장을 번갈아 쳐다보고 있었다.

짧은 동안에 사장과 나는 자칫 위험할 수도 있는 대화를 주고받은 것이다. 마치 장군 멍군 식으로. 그러자 어색하게 경직될 수도 있었던 분위기가 단번에 부드럽게 바뀌었다.

원래 사장이 직설적인 성격의 소유자라고 하지만 직접 당해보니 여간 황당한 것이 아니었다. 수재라기보다는 차라리 기인(奇人)이라고 해야 옳을 듯싶었다. 하지만 아무리 그래도 무슨 말투가 이 모양이란 말인가. 앞으로 사장을 어떻게 대해야 할지 은근히 걱정이 앞섰다.

사장의 일 처리는 칼처럼 예리해서 임직원들이 무척이나 어려워했다. 과거 행정부의 공정거래위원장을 역임했던 경력의 소유자였으니 그럴 만도 했다. 하지만 이렇듯 강성이다 보니 임직원들이 잔뜩 겁을 집어먹고는 사장 앞에서 할 말도 제대로 꺼내지 못하는 것이었다.

그러나 나는 사장은 그릇이 큰 사람이라고 보았다. 합리적으로 설득하면 쉽게 받아들일 성격의 소유자인데, 다른 사람들은 그 겉모습만 보고 지레 겁을 먹은 것이라 판단한 것이다.

한편으로는 사장이 나의 포용력을 시험해 보고자 일부러 그런 것일 수도 있었다고 생각했다. 사장과 나는 그렇게 마치 무협소설 속의 두 무사가 남들은 알아채기 힘들 정도로 순식간에 초식(招式)을 겨뤄 상대의 실력을 가늠해 본 셈이었다.

겉으로 보자면 사장과 감사는 서로 견제하는 관계이지만, 실제로는 동반자가 되어야 한다. 기관의 이익이 우선이라는 생각이 같으면 좋은 파트너일 수 있는 것이다.

다만 누구라도 자신의 이익만을 앞세운다면 서로 다투게 되어

견원지간(犬猿之間)이 될 수도 있지만 말이다.

그런 의미에서 사장과 나는 호흡이 잘 맞는 편이라 할 수 있었다. 아니 사장은 부정과 비리라면 치를 떠는 사람이었으니, 그가 감사에 더욱 어울리는 사람일지도 몰랐다. 여하튼 우리 두 사람은 환상의 콤비라고까지 하기는 힘들어도 제법 궁합이 맞는 조합이라고 할 수 있었다.

한정식 집을 나서면서 나는 기분이 좋았다. 백만 대군까지는 아니더라도 든든하고 신뢰할 만한 파트너를 얻었으니까.

돈 봉투를 돌려주기 위해서 본의 아니게 몇몇 지점을 돌아본 결과, 현장 분위기가 여간 얼어붙은 것이 아니라는 것을 피부로 느낄 수 있었다. 지방에 소재한 지점도 별반 다르지 않을 것이었다.

외환위기로 기업들이 자금난에 빠졌고, 은행에 의존할 수밖에 없는 형국이었다. 하지만 은행은 자기 코가 석 자였으니 기업의 사정을 봐줄 처지가 아니었다.

소위 BIS비율(Bank for International Settlements: 자기자본비율) 8%를 충족시키기 위해 모든 은행은 자산 건전성을 높이려고 몸을 사리고 있을 때였다.

따라서 기업은 정책금융에 의존할 수밖에 없었다. 특히 기존 은행의 담보대출이 감정가 이하로 떨어지면, 은행의 자산 건전성이 취약해지는 것만이 아니라 해당 기업은 생존의 위협을 받는다. 일시에 자금을 변제할 기업이 얼마나 되겠는가? 결국 부족한 담보가치만큼 우리 기관의 신용대체가 필요한 시기였다.

따라서 외환위기 당시 우리 기관의 역할은 사막의 오아시스와 같은 존재라고 해도 과언이 아니었다. 만약 우리 기관마저 몸을 사린다면 기업의 갈증을 해소해줄 곳은 사방 어디에도 없을 것이었다.

그럼에도 불구하고 금융 부실을 우려한 사장의 엄격한 심사 요구에 직원들은 숨을 죽이고 복지부동(伏地不動)하고 있었으니 경제의 흐름이 막힐 수밖에 없었던 것이다.

하지만 뜻하지 않은 복병을 만나고 보니 나 역시 긴장하지 않을 수 없었다. 명색이 감사인 내가 엄격한 심사를 반대할 명분도 없었고, 그렇다고 기업에 대한 지원을 하지 않아 '국가의 경제'라는 거대한 파이프가 막히는 것을 뻔히 눈뜨고 보고 있을 수만도 없었다.

아무래도 지방 지점들을 일일이 방문하여 보다 정확하게 실태 파악을 해야 확신이 설 것 같았다. 그런데 사장이 출장을 만류하고 나서는 것이 아닌가?

"김 감사, 지방 출장 가지 마세요."

"예? 출장을 가지 말라니요?"

"이런 시기에 출장을 다니면 오해를 받는다고요."

"무슨 오해를 받는다는 말씀이신지요?"

"수금하러 다닌다고 의심을 받을 수도 있다는 말입니다."

세상에 뭐 이런 지랄 같은 데가 있다는 말인가? 문제를 알아야 해결을 할 수 있을 텐데, 문제 파악조차 하지 말라니. 구더기가 생길지도 모르니 장을 담그지 말라는 얘기나 다름없지 않은가.

"그렇다면 더더욱 가봐야 할 것 같습니다. 오해를 불식시켜야지 그냥 두면 되겠습니까? 왜 오지 않나 하고 더욱 초조해 할 겁니다."

나는 뜻을 굽히지 않고 사장을 설득하여 출장을 갔다. 그러나 내가 직접 몸으로 부딪혀 본 즉 과연 사장이 염려할 만하다는 생각이 들었다.

지방의 지점을 방문하여 식사를 하며 이야기를 나누고 격려차 내가 밥값을 내면 어김없이 봉투를 내미는 것이었다. 먼 곳까지 오셨는데 식사는 자신들이 대접해야 한다면서 말이다.

나는 모르는 척하고 받아 두었다가 감사실로 넘기며 신신당부했다.

"그 지역 본부는 요주의 대상으로 관찰하도록 하시오."

분명히 누군가를 통해 그들에게도 알려지리라는 것을 예상하면서 말이다.

그 뒤로 봉투를 내미는 일은 거의 사라졌지만, 지점들은 이구동성으로 원성을 토로했다. 실적 부진의 원인은 사장이라는 것이었다. 지나칠 정도로 엄중하게 일을 저리하기에 조심하지 않을 수 없다는 것이었다.

나는 출장을 마치고 본사로 돌아오자마자 사장에게 사태의 심각성을 알렸다.

"사장님 때문에 우리 회사가 문책 당하게 생겼습니다."

"나 때문에 문책을 당하다니… 그게 무슨 소리요?"

"전체 간부회의 때 사장님이 부실한 금융지원은 가만두지 않겠다고 엄포를 놓으셨다면서요?"

"아니, 그게 무슨 문제가 된답니까?"

"지역 특성에 맞춰 소신 있게 일하려 해도 사장님이 무서워서 그러지 못한다더군요."

"바보 같은 녀석들! 자기들이 잘하면 되지 왜 내 핑계를 대나?"

사장은 불처럼 화를 내며 언성을 높였다. 하지만 나도 호락호락 물러서서는 안 되겠다는 생각으로 강하게 밀어붙였다.

"그래서 제가 지점장들에게 말했죠. 당신들이 사장님 말씀을 크게 오해했다고요. 일을 하지 말라는 것이 아니라 부정을 막자는 것뿐이다. 감사인 내게도 당신들 일하는데 너무 가혹하게 다루지 말아 달라고 당부까지 하셨다고 없는 말도 했습니다."

사실 사장이 취임한 후 전반기 실적은 전년 대비 절반 수준에 머물러 있었다. 시중 자금난을 고려하면 배 이상 늘어도 모자랄 판이었다. 늦었지만 하반기부터라도 부지런히 지원을 해야 회사 체면은 유지할 터였다.

"아무래도 꽁꽁 얼어붙은 분위기를 바꾸려면 사장님이 직접 전국 지점을 순회하시면서 지점장들 어깨나 한 번씩 두드려 주셔야 할 것 같습니다."

다행히도 사장은 나의 권고를 선선히 받아들였다. 마침 전국 지점망을 재편해야 되겠다는 구상을 하던 터라 떡 본 김에 제사 지낸다고 주요 지점을 대상으로 사장이 순방을 나선 것이다.

얼마 지나지 않아 사장이 현장을 돌며 직원들을 격려한다는 소식이 들려 왔고, 이를 계기로 각 지점은 활발하게 움직이기 시작했다. 연말 실적도 전년 대비 30% 정도가 증가하여 속된 말로 면피는 하게 되었다.

만약 사장이 계속 강경하게 밀고 나갔더라면 실적은 나아지지 않았을 것이고, 우리는 여론의 따가운 질책을 피하기 어려웠을 것이 분명했다.

모든 일이 조금만 더 앞을 내다보고 또 서로 마음을 터놓고 대화를 하면 순조롭게 풀릴 텐데… 왜 우리는 그러지 못하는지?

업무의 간소화, 효율의 극대화

감사실장으로부터의 첫 보고를 받으면서 본격적으로 나의 감사 업무도 시작되었다. 그런데 보고자료 자체가 요란하기 그지없었다. 보고서는 질릴 정도로 두꺼웠고, 불필요한 내용이 너무 많았다. 내용보다 형식에 치우친 때문이었다. 요약하면 단 몇 장으로 줄일 수도 있는 것을 말이다.

물론 회사 업무에 대한 첫 보고인 만큼 적당한 형식도 갖춰야 할 테고 내용 또한 자세히 다루자고 한 것이 잘못되었다고 할 수는 없다. 그러나 감사가 알고 있어야 할 내용은 사실 그리 복잡한 것들이 아님에도 직원 몇 명이 야근을 하면서까지 브리핑 자료를 만든다는 것은 경비는 차치(且置)하더라도 엄청난 낭비가 아닌가.

보고 자료는 감사실장의 오케이를 받아야 감사에게 올라올 수 있다. 그러자면 내용을 수정하고 문장을 다듬는 작업이 여러 번 반복되어야 한다. 하지만 정작 감사가 보는 시간은 몇 분, 길어야 몇 시간일 뿐인데… 그를 위해 얼마나 많은 시간과 인력이 투입되어야 하는지를 나는 잘 알고 있었다.

이처럼 형식적이고 불필요한 일에 직원들이 매달려야 하니 당연히 인력이 모자란다는 말이 나옴직 했다.

외환위기 이후 직장마다 구조조정이 한창일 때였다. 감사실도 예전에 비해 정원이 많이 줄었다. 그런데도 업무 패턴은 전혀 변함이 없으니, 모두가 과중된 업무에 시달릴 수밖에 없었다. 쓸데없는 일을 줄여야 정작 할 일을 제대로 할 수 있을 터였다.

앞서 거론한 보고 자료가 좋은 예이다. 감사 한 사람에게 보고하는 자료에 쓸데없는 비용과 인력 그리고 시간을 낭비할 필요가 있을까?

통상 거창하고 복잡하게 브리핑을 받아야 권위가 서는 것으로 착각한다. 때로는 부하 직원들의 기를 죽여야 명령에 복종한다고 생각하기 쉽다. 나도 그런 상사들을 만난 적이 있다. 며칠 동안 야근을 하며 브리핑 자료를 만들면서 속으로 갖은 욕을 퍼부었던 기억이 났다.

물론 S기금이 정부 산하 특수금융기관이라서 민간금융기관보다 권위를 더욱 중시했는지도 모른다. 더구나 전임감사는 관료 출신이 많았다. 관료사회는 브리핑을 일종의 관행으로 생각하므로 거창하고 복잡할 수밖에 없는 것이다.

미국 제34대 대통령인 아이젠하워(Dwight David Eisenhower)는 군

인 출신의 뛰어난 정치인으로서 2차 세계대전과 6·25전쟁을 치른 후 자국(自國)인 미국은 물론 세계 발전에 크게 기여한 인물이다.

그에 관한 수많은 일화가 있지만, 특히 미국 관료사회의 관행을 바꾼 '아이크 보고서(Ike Report)'에 대한 이야기가 전한다.

승리는 했지만 전쟁으로 인한 상처는 미국이라고 예외가 아니었다. 국민들의 삶은 피폐했고, 경제는 붕괴 직전이었다.

이처럼 혼란한 시기에 대통령직을 맡았으니 오죽 처리할 일이 많았겠는가. 하루 아니 한 시간이 멀다 하고 각 부처에서 결재를 요구하는 엄청난 서류가 그의 책상 위에 쌓였다.

보고서를 읽어보고 내용을 파악하여 조치를 취하도록 결정을 내려야 하는데, 보고서를 읽을 시간이 없었으니 참으로 난감한 일이었다. 그래서 아이젠하워 대통령은 묘안(妙案)을 냈다.

"앞으로 내게 올리는 보고서는 A4 용지 두 장을 넘지 않도록 하시오. 만약 두 장이 넘으면 읽지 않겠소."

각 부서는 야단이 났다. 당장 시급한 일이 얼마나 많은가? 그 내용을 전부 담자면 백과사전만큼의 양으로도 부족할 터인데 A4 용지 두 장으로 요약하라니.

하지만 그 이상이 되면 읽지 않겠다고 지엄한 대통령이 지시했으니 그를 따를 수밖에 없었다. 내용을 축약하고 또 축약하여 핵심만을 담은 간략한 보고서를 만들고자 노력했고, 그 결과 A4 용지 한 장에 전부를 담을 수 있게 되었다.

업무 파악을 위한 시간이 단축된 만큼 대통령의 판단도 신속해졌고, 그에 따라 모든 일이 일사천리(一瀉千里)로 진행되었다.

그로부터 형식적이고 요식적인 관행이 많이 줄어 업무를 더욱 효율적으로 수행할 수 있게 된 공무원들은 이 같은 보고서를 '아이크 보고서(Ike Report)'라고 부르게 되었다고 한다.

미국이 단기간에 국력을 회복할 수 있었던 것은 이처럼 보이지 않는 아이크 보고서에 힘입은 이유도 없진 않을 것이다.

과거 어느 책에선가 읽은 이야기를 떠올린 나는 차제에 조직 내 관료주의의 폐단을 없애기로 마음먹었다.

"앞으로 내게 보고할 때 굳이 자료를 타이핑할 필요가 없습니다. 그냥 구두로 하고, 아주 중요한 내용이 있으면 메모지에 간단하게 적어 주세요."

나는 이렇게 감사실 내부 보고체계부터 바꾸도록 했다. 얼핏 보면 그리 큰일이 아닌 것처럼 보이지만 사실 내면의 변화는 매우 의미심장한 것이었다.

쓸데없는 형식을 버리고 실용적이고 합리적인 판단을 할 수 있도록 함으로써 직원 스스로가 의식과 행태에 변혁을 꾀하게 된 것이다. 그들은 스스로 무엇을 버려야 할지 그리고 어느 것이 중요한 일인지 알게 되었으므로 굳이 상사가 일일이 지적을 하지 않더라도 자발적·효율적으로 일 처리를 하게 되었다.

내친 김에 나는 한 가지를 더 바꾸었다. 그것은 상사의 방침을 전달하는 체계였다. 내가 세운 어떤 방침을 감사실장에게만 전하면 자칫 왜곡되거나 미흡할 수가 있으므로, 주요 사항은 감사실 모든 직원 아니면 최소한 팀장들을 모아서 이야기를 하기로 한 것이다. 직접 들어야 시간도 절약되고 전달 효과도 제대로 얻을 수 있기 때문이다. 다단계 커뮤니케이션이란 이런 것이 아닐까.

어느 조직이나 소통은 중요하다. 진정한 소통이란 단순히 정보나 방침을 공유하는 차원을 넘어 의식과 정서까지 동시에 전달되는 것이다. 일방적인 통보가 아니라 하의상달(下意上達)의 기회를 줌으로써 참여의식과 추진력이 강해지기 때문이다.

이렇듯 취임 초부터 거추장스런 절차와 소통 방법을 개선하자, 감사실 직원들의 눈빛에 생기가 돌았다. 나에 대한 첫인상이, 그리고 나의 업무 처리 방식이 나쁘지 않았다는 증거였다.

사실 감사실 직원들의 신뢰를 얻는 것이 내게는 무엇보다 중요한 일이 아닐 수 없었다. 본격적으로 업무에 나서기 전에 꼭 먼저 해야 할 일이기도 했다.

만약 서로의 생각이 맞지 않는다면 얼마나 피곤할 것이며, 조직이 제대로 돌아갈 수 있겠는가? 또한 앞에 놓인 수많은 난관을 돌파하자면 모두가 힘을 합쳐야만 했다. 모두가 한 배를 탄 공동운명체라는 의식을 가져야 할 것인 즉 내가 앞장서서 그들의 쓸데없는 짐을 덜어 주는 것이 올바른 순서였다.

이렇듯 처음에 소통의 창구가 열리고 서로의 신뢰가 쌓이지 않았다면 당시의 힘든 상황을 극복하지 못했을 수도 있고, 이른바 '전설'은 결코 이루지 못했을 것이다.

감사백서를 만들다

사전적 정의에 따르면, 감사(監査)란 법적 권한이 있는 기관(또는 사람)이 단체나 조직의 업무 상황을 감독하고 조사하는 것이다. 즉 회사라면 대내외적으로 부정과 비리를 파헤쳐 엄중히 징계토록 하고, 그 같은 일이 다시 발생하지 않도록 미연에 방지하는 역할을 수행하는 것이다.

회사의 신용도나 이미지 등에 결정적인 역할을 수행하는 중요한 위치임에도 불구하고 감사의 업무는 인수인계가 없다. 전임자가 마무리하지 못한 일이 있다면 감사실에서 후속처리를 하면 되기 때문이다. 그러다 보니 막상 신임 감사는 취임하고서 무슨 일부터 해야 할지 막막해진다.

나 역시 감사 업무를 맡은 것은 처음이었다. 그저 감사의 업무는 조직의 위험을 예방하고 관리하는 것이라는 아주 기초적이고 본질적인 개념만 가지고 있을 뿐이었다.

앞서 설명한 바와 같이 감사의 업무는 연속성이 없으니 거의 생짜로 일을 시작해야 했다. 감사실장이 보고한 내용도 그동안 감사실이 일상적으로 해온 일들을 정리한 것일 뿐이었다. 그저 비리를 적발하고 직원 몇 명에게 어떤 징계를 내렸는지 통계를 낸 것이 마치 엄청난 전과(戰果)를 올린 듯 보일 뿐이었다.

뭔가 차원이 높은 감사 방향이나 전략이 있는 것도 아니었다. 아마 감사 철학은 개인이 알아서 하라는 뜻인지도 몰랐다.

나는 혹시 참고할 자료나 책이 있는지 전임 감사가 쓰던 책장을 꼼꼼히 찾아보았다. 하지만 감사의 업무와 관련해서 답답한 내속을 시원하게 뚫어줄 정보나 자료는 전혀 눈에 띄지 않았다.

"감사실장도 감사 업무를 맡은 것이 이번이 처음이지요?"

"예. 저도 처음입니다."

"그러면 감사실장은 어떤 자료를 보고 감사 업무를 파악했습니까?"

"그동안 감사실이 처리한 사건을 대략 파악하고 문건들을 읽어봤습니다."

"감사실장이야 현장 경험이 풍부하니까 업무 전반을 파악하기가 용이하겠지요. 하지만 나는 감사 업무는 일반 업무와 달라야 한다고 생각합니다. 실장은 어떤 점이 달라야 한다고 생각하십니까?"

"……?"

너무 막연한 질문이라고 생각했는지 감사실장은 대답을 하지 못했다.

"만약 감사나 감사실장에 따라 징계 수위가 극명하게 차이가 난다면 직원들은 어떻게 생각할까요?"

내가 질문을 바꾸자 실장은 비로소 대답을 했다.

"그러면… 불평이 많을 겁니다. 징계가 가볍다면 별 말이 없겠지만 무겁다면 좋아할 리가 없겠지요."

"하지만 현실은 3년에 한 번씩 감사가 바뀌고, 감사실장은 그보다 더 자주 바뀌지요. 그러니 당연히 양형 기준이 흔들릴 가능성이 큽니다. 이를 바로 잡아야만 감사 업무의 일관성도 지키고, 직원들의 호응도 얻을 수 있을 겁니다. 무엇보다 먼저 감사 매뉴얼을 만들어 제도적으로 정착시키도록 해야겠습니다."

감사 매뉴얼이 없으니 당사자인 감사나 감사실장조차 업무를 파악하는 데 시간이 걸릴 수밖에 없다.

감사는 어떻게 해야 회사에 도움이 되는지, 어떤 태도를 취해야 하는지, 징계의 공정성은 어떻게 해야 확보할 수 있는지 등 최소한 감사 업무의 기본이라도 정리해 두었더라면 좋았을 것이다.

'필요는 발명의 어머니'라는 말처럼 감사 업무를 전체적으로 조감할 필요성을 느낀 나는 '감사백서(監査白書)'를 만들기로 작정하였다.

그것은 또한 후임자를 위한 배려이기도 했다. 감사나 감사실장뿐만 아니라 감사실 모든 직원이 감사백서를 읽으면 쉽게 업무를 파악할 수 있고, 업무에도 빠르게 적응할 수 있을 터였다.

그뿐 아니다. 회사 전 직원이 감사백서를 읽고 어떤 잘못을 하면 어떤 벌을 받는다는 것을 알아야 억울한 피해도 줄이고, 비리 또한 예방할 수 있지 않겠는가?

감사 업무를 굳이 숨길 까닭이 없다. 감사가 투명할수록 예방 효과도 클 것 아닌가.

무엇보다 감사의 매뉴얼을 만드는 일이 가장 시급했다. 여러 직원들이 경험을 바탕으로 도상 연습을 하면서 난상토론을 한 결과, 가장 바람직한 절차와 기준이 하나씩 만들어졌다. 그리고 매뉴얼은 매년 재검토하고 보완하여 업그레이드될 것이었다.

문제는 현업을 하면서 별도로 작업을 해야 하는데 따른 어려움이었다. 인원이 충분치 못해 TF(Task Force) 팀을 구성하기 어려운 형편이었기 때문이다.

하지만 기왕 하기로 한 일 늦출 수는 없었다. 결국 감사실 직원들은 야근을 하면서까지 백서를 만들어야 했다. 그러나 모두가 백서의 취지와 필요성을 공감했던 터라 불평 한마디 없이 일을 해냈다.

나는 백서 발간을 임기 중 한 번으로 끝냈다. 3년에 한 번이면 족하다고 보았던 것이다. 그런데 내가 퇴직하고 후임으로 온 감사는 백서를 호화장정의 책자로 만들어서 퇴임한 내게까지 보내 주었다. 그것도 해마다 거르지 않고.

내가 만든 백서를 발판으로 더욱 발전된 모습을 가지게 되었다는 사실을 알려주려는 뜻이었으리라. 그렇다면 백서의 의도가 성공한 셈이었다. 처음 감사실에 부임하는 감사나 직원들에게 나침반 역할을 해주고, 나아가 모든 직원들이 억울한 피해를 입지 않도록 하자는 것이었으니까.

　하지만 더 큰 목적은 감사 업무 자체를 업그레이드시키라는 것이었다. 시대와 상황에 걸맞은 업무 처리를 할 수 있도록 적어도 3년에 한 번씩은 더욱 발전된 매뉴얼이 탄생하기를 기대한 것이다.

　아마 후임 감사들은 나와 당시 직원들이 만든 감사백서를 보며 비교적 빠르게 업무를 파악하고, 그 과정에서 감사 나름의 번득이는 아이디어 하나쯤은 얻었을 것이다.

　하지만 문제가 아주 없지는 않다. 아무리 시대가 빠르게 변한다고 해도 큰 변화가 없는 업무 관련서적을 1년에 한 번씩 다시 만든다는 것은 낭비일 수도 있고, 또 그만큼 직원들이 고생을 한다는 것이다.

　낭비를 줄이고 효율을 높이기 위해 우리 모두 아이크 보고서의 교훈을 잊지 말아야겠다.

조사는 철저히, 처벌은 신중히

처음으로 현장 감사를 나가는 직원들에게 훈령을 내리는 날. 과연 무엇을 주문할 것인가? 별별 생각이 앞섰다. 경제학도는 모름지기 '차가운 이성과 뜨거운 가슴(Cool Head But Warm Heart)'으로 사물을 대해야 한다고 영국의 경제학자 알프레드 마샬(Alfred Marshall)은 말하지 않았던가?

'감사기법이야 다들 나보다 나을 테고… 그래, 조사만 철저히 하도록 하면 된다. 처벌이야 그 다음 문제 아닌가? 냉정하게 조사하고 따뜻한 가슴으로 징계 수위를 정하자.'

처음에는 아무리 복잡한 문제도 철저히 조사하면 진상이 파악될 것이라고 믿었다. 그렇게만 된다면 혹시 처벌을 면하려는 압력이나 회유도 미연에 방지할 수 있을 터였다.

만약 조사 자체를 적당히 하면 잘못이 있어도 처벌을 면하거나 징계 수위가 낮아질 수 있다. 과거 저축은행의 부실 검사가 도마 위에 오른 것도 검사를 적당히 하도록 로비를 한 때문이 아니었던가.

그러므로 조사가 철저하다면 처벌을 회피할 핑계를 댈 수가 없게 되리라 여겼다.

"여러분의 실력을 한 번 봐야겠어요. 처벌 수위는 여러 가지 정황을 참작해서 가급적이면 가볍게 하겠습니다. 그러나 조사만은 철저히 해야 합니다. 만약 조사 자체를 소홀히 하거나 빠뜨리고 넘어간다면… 그런 검사역은 감사실에 남아 있을 자격이 없다고 생각합니다."

이렇게 단단히 당부를 하고, 실제 감사 보고를 받고서 미흡하다고 여겨지는 곳에는 다른 직원을 보내 재차 특감을 실시했다. 그리고 조금이라도 은폐의 의심이 드는 경우에는 당사자를 직접 불러 심도 있는 질문을 하여 부담감을 주었다. 감사의 성패는 무엇보다 철저한 조사가 선행되어야 하기 때문이었다.

처벌 수위를 정하는 양형 기준도 일단은 규정에 따랐다. 과거의 처벌 수위와 일관성을 지키기 위해서였다. 그리고 다음에는 제한적으로 온정적 조치를 하기로 했다.

"그럼 마지막으로 평소의 근무태도나 성실성, 청렴도 등에 대한 평가에 들어갑시다. 팀별로 각각의 견해를 솔직하게 말씀하세요. 누가 먼저 시작할까요?"

아무리 전체회의라고 해도 팀장이나 간부들부터 이야기를 시작하면 나머지 팀원들은 반대 의견을 내기 어렵다. 때문에 나는 가급적 실무 담당자부터 발언을 하도록 하고 다음에는 무작위로 지적하여 발표하도록 했다.

말하는 표정이나 태도를 자세히 살펴보면 진실인지 거짓말인지 거의 짐작할 수 있기 때문이다.

이 같은 객관적 검증을 통해 성실성이 인정되는 경우, 처벌 수위를 한두 단계 낮춰 주었다. 기계적인 사법처리에 재량권자의 특사(特赦)가 가미된 방식이었다.

성실하지만 단순한 실수로 처벌을 받아야 하는 직원을 구제하려는 취지에서였다. 규정에만 얽매여 단순 실수를 지나치게 엄하게 처벌하면 업무 자체가 위축되기 쉽기 때문이다. 감사 규정을 적용하더라도 합목적적으로 운영해야 억울한 직원이 적어진다.

하지만 정상참작을 제도화하니, 감사실의 재량이 커지는 부작용이 생길 수 있다. 마치 대통령의 사면권이 남용되는 것과 비슷하다. 그러므로 제도도 중요하지만 운용하는 사람들의 자세가 공정해야 하는 것이다.

그런데 때로는 처벌하기도 모호하고 그냥 넘어가자니 꺼림칙한 사례도 있었다. 그리고 처벌만이 능사가 아니라 재발 방지가 더욱 중요한 경우도 있었다.

이럴 때는 본인을 소환하여 내가 직접 혼을 냈다. 눈물이 쑥 빠지게끔 호통을 치기도 했다. 그 소리가 어찌나 컸는지 밖에 있던 여비서가 놀라서 들어온 적도 있었다.

"또 같은 짓을 되풀이 하면… 그때는 내가 가만있지 않을 거요. 내 앞에서 약속할 수 있어요, 없어요?"

"다, 다시는 그런 실수를 하, 하지 않겠습니다."

이렇게 야단을 친 사람들은 징계 대상에서 제외하거나 아주 경미한 처벌을 했다.

이런 일들이 감사실 직원들을 통해 소문이 나니 혼나는 사람들이 오히려 고마워했다.

이처럼 진심으로 잘못을 인정하고 고치려는 사람은 말로 혼내는 것이 어설픈 징계보다 훨씬 결과가 좋았다.

관문착적(關門捉賊), 도둑도 달아날 구멍을 보고 쫓으라는 속담처럼 마냥 밀어붙인다고 반드시 결과가 좋은 것은 아니다.

결식아동 가정 심방(尋訪)

요즘은 소위 있는 집 아이들까지도 무상급식을 하려 하지만 IMF 외환위기 때는 빈민층 아이들의 급식 문제가 심각한 사회 문제로 여겨졌다. 가뜩이나 넉넉지 못한 살림인데 경제난이 가중되니 아이들 급식비를 감당하기가 어려운 가정들이 속출한 것이다.

내가 근무하던 S기금 근처에 있는 초등학교 학생 중에도 결식아동이 적지 않았다. 주변에 산동네가 벌집처럼 형성되어 도시 빈민촌을 이루고 있었기 때문이다.

공교롭게도 외환위기를 극복하고자 온 국민이 금 모으기 운동을 벌이고 있던 때였기에, 아무런 죄도 없는 아이들이 바로 내 옆에서 참담한 경제적 난국으로 인해 힘든 삶을 사는 것을 그냥 지나칠 수 없었던 것이다.

별다른 걱정 없이 나만 직장 생활을 하는 것조차 무언가 죄를 짓는 기분이 들었고, 한숨과 절망이 가득한 분위기가 내게 보이지 않는 굴레를 씌운 듯하여 조금이나마 무거운 마음을 덜어보고자 결식아동들을 돌아보도록 한 것일지도 모른다.

또한 나 개인적으로는 과거에 도시락 없이 학교를 다니던 아픈 추억이 외환위기를 계기로 다시 되살아난 때문일 수도 있다.

경제적 궁핍보다 더 무서운 것은 미래에 대한 희망의 끈을 놓는 것이다. 소망이 있는 사람은 어떤 어려움도 이겨낼 수 있다. 그러나 절망에 빠진 그들에게 누가 소망을 찾아 줄 것인가? 바로 우리 어른들이 아닌가. 어린이들을 절망으로부터 구하는 것은 가정만이 아닌 사회의 책임인 것이다.

많지는 않더라도 몇몇 직원이 뜻을 모으면 결식아동 몇 명은 도울 수 있을 듯싶었다. 마침 회사에 신우회가 조직되어 있었기에 나는 회장에게 의견을 전했고, 그 역시 흔쾌히 수락하여 결식아동을 돕는 일에 적극 나서기로 했다.

나는 신우회 회원들과 함께 회사 근처의 교회를 찾았다. 신앙만이 소망을 줄 수 있다고 믿었던 때문이다.

"목사님, 우리 회사 신우회원들이 결식아동을 돕기 위해 가정 심방을 가고 싶은데… 교회 분들도 동행하면 어떻겠습니까? 전도하는 계기도 될 터이니 말입니다."

교회가 지속적으로 관심을 보이면 절망에 빠졌던 사람들에게 큰 위로가 될 듯싶었다. 그 어느 때보다 그리스도의 사랑이 가장 절실하게 필요한 시기가 아닌가.

"좋은 일을 하려 하시는군요. 물론 교회도 초등학교에 결식아동 급식비를 지원하고 있습니다. 그런데 실제로 해보시면 아시겠지만 심방은 원치 않는 가정이 많습니다. 부끄럽고 창피하다고 생각하니까요."

"가난이 무슨 죄입니까? 창피하게 여기다니. 그리고 오히려 그런 사람들에게 바른 신앙을 심어 줘야 하지 않을까요?"

"어쨌거나 저희도 너무 바빠서 심방은 어렵겠네요."

완곡하지만 분명한 거절이었다. 하긴 평양감사도 제가 싫다는데야 어쩔 도리가 없지만 사랑과 자비를 베풀어야 할 교인이 그것도 하나님의 종이라는 목사의 대답은 극히 실망스러웠다.

그즈음 어느 신문에 독거노인이 사망한 지 며칠이 지나서야 이웃 사람들에게 발견된 사건이 보도되었다. 그런데 그 노인의 방문 앞에는 인근 대형교회의 교패가 걸려 있었다고 한다. 그리고 그 교회 목사는 그 사실을 뒤늦게 알고 회개의 설교를 했다고 한다.

하지만 사후약방문(死後藥方文)이요, 소 잃고 외양간 고치는 격 아닌가. 오늘날 도시의 교회가 가난한 이웃에 대해 어떤 태도를 취하고 있는지 단적으로 보여준 사례라 할 수 있을 것이다.

예수께서는 고아와 과부를 돌보라고 말씀하셨다. 고아와 과부는 홀로 서기 힘든 사람들이다. 오늘날의 결식아동이나 독거노인들이 바로 그런 사람들이 아니겠는가? 그러나 아직도 도심 한복판에 빈민촌이 있지만 누구도 관심을 기울이는 이가 없으니… 참으로 안타까운 일이다.

국회의원을 지내기도 한 이철용이 쓴 「꼬방동네 사람들」이 있다. 산 높은 곳에 위치한 만큼 하늘과 가깝다고 해서 소위 '달동네'라고 불리던 곳에 사는 이들의 애환을 그린 작품이다. 그런데 소설에나 등장할 법한 바로 그런 동네가 우리 회사 주변에도 존재하고 있었던 것이다. '네 이웃을 사랑하라'는 예수님의 말씀을 실천하는 교회라면 그처럼 힘든 삶을 살아가는 이웃들에게 선교를 하리라고 믿었는데… 내가 직접 겪어 보니 맥이 빠지고 말았다.

'하긴 누가 추레한 꼴을 보이고 싶겠어? 교회도 저러는데 우리도 그냥 성금이나 모아서 학교로 보내고 말까?'

그러나 그것은 진정으로 돕는 것이 아닐 것 같았다. 적선하듯 얼마 되지도 않은 돈을 주는 게 아니라 직접 그들을 찾아가 위로하고 격려함으로써 어린이는 물론 가족 모두가 좌절감에서 벗어날 수 있는 용기를 주었으면 했다.

용기를 주기 위해서는 누군가 그들과 아픔을 같이 할 수 있어야 하지 않겠는가. 돈 몇 푼보다는 그들의 아픈 상처를 어루만져 주는 위로의 말 한마디가 더욱 효과가 있을 것이었다.

그러나 정작 교회의 목회자들은 각종 행사로 인해 시간을 내지 못하는 것도 큰 문제였다. 목회자마저 가난한 가정, 실의에 빠진 사람들과 만나기를 외면한다면 누가 그들을 만날 것인지.

'그래, 우리끼리라도 힘을 모아 부딪쳐 보는 수밖에 없어.'

어떻게 하면 그들을 도울까를 궁리하며 회사로 돌아오는 내 발걸음은 무겁기 그지없었다.

넝쿨째 굴러온 복을 차버린 당신

요즘 인기를 모으는 「넝쿨째 굴러온 당신」이라는 드라마가 있다. 참 재미있는 제목이다. 복이 더블로 왔으니 말이다. 하지만 복은 때로는 넝쿨째 달아나기도 한다.

회사 신우회 회원들이 앞장서서 인근 학교의 결식아동을 돕기 시작하자, 적지 않은 사람들이 관심을 갖게 되었다. 외환위기를 겪으며 우리는 힘도 들었지만 더불어 살자는 아름다운 마음을 가지게 되고 주위를 돌아보게 되었다. 위기가 우리를 하나로 만드는 계기가 된 것이다.

나도 힘들지만 나보다 어려운 이웃을 돕자는 따뜻한 마음을 가지게 된 것은 IMF가 준 선물이랄 수도 있었다.

그 가운데 음식점을 경영하는 분들이 결식아동을 돕는 사연들이 언론에 자주 소개되었다.

'우리 회사 주변의 음식점에서도 한 달에 한 번이라도 좋으니 결식아동들에게 맛있는 점심을 먹일 수 있게 된다면 얼마나 좋을까?'

아이들이 좋아하는 음식으로 자장면을 꼽을 수 있다. 물론 요즘에야 햄버거나 피자를 좋아하는 아이도 많겠지만, 그래도 자장면은 빼놓을 수 없는 인기 메뉴의 하나이다. 나 역시 자장면을 매우 좋아해서 가끔은 혼자 중국음식점을 찾곤 한다.

마침 우리 회사 근처에도 자장면을 제법 맛있게 하는 곳이 있었다. 그 날도 자장면을 먹다가 결식아동들에게 한 그릇씩 주면 얼마나 좋을까 하는 생각이 들었고, 내친 김에 주인에게 결식아동 돕기에 동참하도록 권했다.

"사장님, 제가 복 많이 받을 일을 소개하고 싶은데… 하실래요?"

"복 받을 일이라니… 그게 무슨 일인가요?"

"혹시 한 달에 한두 번 정도 결식아동들에게 자장면을 먹여 주실 수 있으세요?"

"거저요? 몇 명이나 되는 데요?"

"아마 열 명 이내일 겁니다."

"에이, 큰돈도 아닌데 선생님이 내시면 되겠네요."

누가 돈이 없어서 그런 제안을 한 줄 아나? 참으로 야속한 마음이 들었다. 장사를 하는 이의 마음을 이해하지 못하는 것은 아니지만 이런 일은 굳이 손익을 따질 일이 아니지 않은가.

만약 주인이 흔쾌히 동의했다면 우리 회사 신우회 이름으로 패찰을 만들어 중국집 현관에 붙여줄 생각이었다. '결식아동 지원 음식점'이라고.

이런 패찰이 붙는다면 자연스레 홍보도 될 터이고 손님들도 주인을 다시 보게 될 것이었다. 어디 그뿐인가. 부서의 회식도 가급적이면 그 집을 이용할 요량이었다.

그러나 한 마디로 거절하는 주인을 보고는 정나미가 뚝 떨어졌다. 그리고 한 곳에서 거절을 당하고 보니 더 이상 다른 음식점에 그런 제안을 할 엄두가 나지 않았다.

그로부터 얼마 지나지 않아 그 중국집과 마주한 길 건너편에 새로운 중국음식점이 문을 열었다. 쟁반자장이라는 메뉴도 그럴 듯했다. 그래서 나는 중국음식을 먹고 싶을 때면 보란 듯이 그 집을 찾았다.

그런데 인지상정(人之常情)이라고 사람 마음은 대개 비슷한 모양이었다. 언제부터인가 예전의 그 중국음식점은 파리를 날리기 시작했고, 새로 생긴 집에는 손님이 들끓었다.

며칠 후 예전의 중국집이 내부 수리에 들어갔다. 업종을 바꾸려는 모양이었다. 솔직히 그 중국집이 '내부 수리중'이라는 푯말을 달았을 때 솔직히 나는 동정심이 일지 않았다. 주인이 그렇게 인색하지만 않았더라면 내 제안을 쉽게 거절하지 못했을 것이다. 그리고 최소한 미안한 표정이라도 지었다면 나 역시 그리 민망하지는 않았을 터였다.

　모두 어려운 시기였지만 그가 결식아동들에게 온정의 손길을 내밀었다면 고객들도 결코 그 음식점을 외면하지는 않았을 것이라는 생각이 들었다. 적선지가 필유여경(積善之家 必有餘慶), 선을 쌓는 집안은 반드시 경사가 있다는데, 그 중국집 주인은 굴러온 복을 스스로 차버렸으니 사업에 실패한 것일 게다.

　물론 사업이 운수소관만은 아니다. 하지만 한편으로는 기업의 이미지가 성패를 좌우하는 경우도 많다. 특히 음식점은 인색하지 않고 후덕하다는 소문이 나야 고객이 찾는다.

　어쩌면 그 음식점의 사정이 결식아동을 돌보지 못할 정도로 좋지 않았을 수도 있다. 그러므로 남의 형편도 모르면서 무조건 인색하다고 비난할 수는 없다.

　하지만 그토록 빨리 마치 인과응보(因果應報)라는 말을 증명이라도 하듯 당장 눈에 띄는 결과가 나타났다는 것이 우연치고는 너무 기이했다.

　정말 신의 눈은 보이지 않는 곳까지 미치고, 신의 손길은 닿지 않는 곳까지 이르는 것인지?

　결식아동 지원 대상은 인근 초등학교 학생 가운데 가장 형편이 어려운 아이들이었다. 신우회 총무에게 해당 학교에 결식아동 가정을 선정해 달라고 부탁을 하며 한 가지 조건을 달았다. 가정 심방을 허용하는 경우로만 국한한 것이다.

추레하게 사는 모습을 보이기 싫다며 사양하는 가정은 일단 제외시키기로 했다. 자존심을 내세우면서 돈만 받기를 원한다면, 경제적인 도움을 받고자 하는 것일 뿐 사람의 따뜻한 정을 그리는 것이 아니라고 판단한 것이다.

가난은 부끄러운 것이 아니라 불편한 것일 뿐이라고 했다. 맞는 말이다. 게을러서 가난한 사람도 있겠지만, 기회를 잡지 못해서 가난한 사람이 더 많다. 갖은 노력을 기울였음에도 가난을 벗어나지 못한 것이 부끄러운 일은 아니다.

따라서 가난을 부끄럽다고 여기는 사람은 가난을 벗어날 확률이 적은 사람이다. 어려움이 닥치면 이를 현실로 받아들이고 극복하려 해야 한다. 부끄러움은 사치이며, 아직 교만과 나태함이 남아 있다는 증거가 아니겠는가?

도움도 받을 준비가 된 사람들에게 주어야 의미가 있다. 경제적 도움을 받기만 한다면 그 또한 위선이고 이기적인 행위이다. 그런 사람들은 가난과 싸워서 이기려는 의지가 부족한 것이다.

우리는 일단 도울 대상을 열 명으로 정했다. 너무 많으면 가정심방이 어렵기 때문이다. 또한 아무리 신우회 회원이라도 근무를 하는 만큼 점심시간을 쪼개어 활동을 해야 하므로 방문할 곳이 너무 많으면 곤란한 때문이었다.

우선 내부적으로 결식아동 돕기에 나설 회원을 모집했다. 본점에는 기독교 직장 선교회인 신우회를 비롯하여 노조와 여직원협의회가 있었다. 이들이 주축이 되어 매월 성금을 모으기로 합의를 보았다. 심방 때 각 가정에 전할 10만 원의 지원금과 학교에 납부할 열 명의 급식비가 목표금액이었다.

세 단체의 회원들이 순번제로 가정 심방에 참여하기로 했다. 물론 나는 매번 참가하기로 했고.

그런데 심방을 하자면 무척 바빴다. 점심시간에 회원들이 모여 간단히 식사를 하고 서둘러 돌아야 했다. 그나마 다른 때는 견딜 만했지만 뜨거운 여름날에 가파른 언덕을 오르내리기가 여간 고역이 아니었다.

그러나 숨이 턱에 닿도록 힘겹게 올라서도 미로 같은 골목을 헤매며 몸을 숙여야 하는 쪽문으로 들어가 집을 마주한 순간, 우리는 아연하지 않을 수 없었다.

세상에 서울 한복판에 이런 곳이 있었던가? 비가 쏟아지면 뚫어질 것 같은 낡은 지붕에 벽은 금방이라도 무너질 듯 허술했고, 하수구 냄새가 코를 찔렀다. 게다가 겨우 방 두 칸뿐인 좁은 집에서 이렇게 많은 식구가 살고 있다니.

물론 나 또한 어린 시절에는 판잣집에서 살기도 했다. 하지만 개구리 올챙이적 생각 못한다고, 이제는 나와 상관없는 어색한 나라에 여행을 온 느낌이었다.

그러나 그곳에 발을 들여 놓는 순간, 나는 가슴 한 구석을 바늘로 찔리는 듯한 아픔을 피할 수가 없었다. 다시는 떠올리지 않으려 가슴 깊이 꼭꼭 묻어 두었던 어두운 기억이 마치 잠망경처럼 생각의 수면 위로 솟아오른 것이었다. 다른 직원들은 아마 몰랐을 것이다.

무엇보다 고마운 것은 젊은 직원들이 고생을 마다하지 않고 동행해준 일이었다. 그들의 눈에 비친 가난한 산동네의 모습이 어땠는지는 짐작하기 어렵다. 그러나 한 가지 분명한 것은 산동네를 오르내리면서 우리 모두가 가슴에 뜨거운 열기를 품게 되었다는 사실이었다.

물론 처음에는 남의 가정을 방문한다는 일을 어색하게 여겼다. 하지만 한두 번 되풀이되자 모두가 당연한 듯 힘을 냈고, 우리를 맞는 이들도 반가운 얼굴로 대했다.

작은 성의였지만 그들은 우리가 건넨 돈보다도 찾아주는 정성을 고맙게 받아 주었다. 잠시 머리 숙여 기도 시간을 가진 다음, 별도로 마련해 간 음료수를 나눠 마시며 짧은 대화 시간을 가졌다.

화제는 일상적인 것이었지만 결국 전능하신 하나님께 기도하며 희망을 잃지 말도록 용기를 주는 것이 우리의 방문 목적이었다. 그리고 그들을 방문하며 우리는 지금까지 너무 이웃을 모르고 살았다는 반성을 하게 되었다.

우리가 방문했던 가정은 대개 하루 벌어서 하루의 끼니를 해결하는 밑바닥 삶을 살아가고 있었다. 그런데 설상가상으로 외환위기까지 겹쳐 일자리를 잃거나 아예 일감이 없으니 어려움이 오죽했겠는가?

그러나 우리 사회에는 따뜻한 마음을 가진 사람들이 적지 않았다. 작은 것도 나누며 살려는 아름다운 마음으로 많은 이들이 우리처럼 이웃을 돕고 있었다. 그들을 돕는 손길들을 지켜보면서 미래를 담보할 희망이 우리 곁을 떠나지 않았다는 확신이 들었다.

나를 따라 힘든 비탈길을 오르내리는 직원들도 같은 감동을 받았으리라. 직접 현장을 보지 않고 금전적 지원으로만 끝났다면 그런 감동의 순간을 맛 볼 기회가 없었을 것인 즉 결식아동을 도우면서 오히려 우리가 더 큰 선물을 받은 느낌이었다.

나 스스로도 이들을 보면서 마음속에 남은 탐욕의 찌꺼기가 씻겨 내려가는 느낌을 받았다. 하나님은 내게 이들을 보며 스스로를 경계하라고 말씀하고 계신 듯했다.

업무와는 전혀 상관없는 일이었지만 결식아동 돕기는 내 삶에 활력을 주고 생명력을 발산하도록 만드는 기능을 한 셈이다.

신우회 운영 개편, 그리고 기적의 체험

나는 결식아동 돕기 행사에 신우회가 주축이 되기를 바랐다. 그래서 직장 신우회 모임에도 참석해 보았는데, 교회에서 예배드리는 것과 별반 다를 게 없었다. 장로교, 감리교 등 교파가 다른 신도들이 한데 모였다는 것이 조금 특이하달까?

인근 회사의 신우회는 직장 근처에 있는 교회를 빌려 예배를 보았지만, 다행히 우리는 여유 공간이 있어 회사 내에서 예배를 드렸다.

그런데 예배를 보려니 목사님을 초청하여 설교 말씀을 들어야 했다. 헌금을 거둬 목사님 수고비를 드리고 나면 남는 게 없었다. 목사님 아르바이트 소득을 올려주는 효과 외에 다른 것이 거의 없었다. 아마도 이런 현상은 거의 모든 신우회가 공통으로 겪는 일이리라.

"결식아동 돕기를 하려면 신우회 헌금을 목사님 사례비로 드리기가 어렵지 않겠어요?"

"그래도 예배를 드리려면 목사님을 모셔 와야 합니다."

"반드시 그럴 필요는 없다고 봅니다. 우리끼리 성경 공부를 하면 되지 않습니까? 우리 신우회에 장로님들이 여럿 계시니 돌아가면서 주제 발표를 하시도록 하면 어떻겠습니까? 저는 장로는 아니지만 성경 공부를 한 적이 있으니 저부터 시작하겠습니다."

회원들과의 협의 끝에 나는 과감히 성경 공부 위주로 신우회 운영을 바꿨다. 직장 신우회였기에 직위로서 독재를 한 셈이었다. 만약 교회였다면 기라성 같은 장로단을 내가 무슨 수로 통제할 수 있었겠는가?

목회자가 없기 때문에 일방적인 설교가 아니라 원탁 포럼 방식을 택하기로 했다. 매월 한 번씩 장로단과 내가 돌아가면서 주제를 정하고 성경 말씀을 근거로 진정한 하나님의 뜻이 무엇인지 연구하여 발표하고 토론하는 방식이었다.

때로는 교회에서 거론하기 거북한 헌금 관련 문제도 토론의 대상이었다. 진정 올바른 신앙이 무엇인지 토론하는 것도 직장 신우회가 추구할 목표라고 생각했던 것이다.

신우회 운영 방식이 바뀌자 회원들의 참여도는 오히려 예전보다 높아졌다. 자연히 재정에 여유가 생기고 참석하지 않던 임원 중에 결식아동 후원을 위한 헌금을 따로 보내는 이도 있었다.

그동안 신우회 예배에 임원들은 거의 참석을 하지 않았던 모양이었다. 권위의식 때문이기도 하지만 자칫 종교적 이유로 편파적인 인사를 한다는 말을 들을 수도 있기에 그런 듯했다. 내가 첫 예배를 드릴 때 직원들이 어색하게 대한 것도 그 때문이었다.

그러나 나는 개의치 않았다. 다만 직장 내의 선교가 목적이라면 신우회는 모범이 되어야 한다는 생각을 고수했다. 조금 가깝다고 편파적인 업무 처리를 한다면 도리어 선교 길을 막는 짓이 아니겠는가?

"만약 신우회 회원이 감사에 적발된다면 가중처벌을 할 겁니다. 예수님을 믿는 사람은 예수님의 체면까지도 책임져야 하기 때문입니다."

이렇게 농담 섞인 으름장을 놓으며 미리 연막을 쳐두었다.

신우회 운영 방식을 바꾸어 활성화시키면서 지역사회의 어려운 이웃을 돕는 것이 좋겠다는 생각을 했고, 그에 따라 결식아동 돕기를 제안했다.

결식아동 돕기는 참으로 시의적절한 신우회의 활동이 아닐 수 없었다. 지역 교회와 직장 선교활동의 차이도 드러나는 일이었고, 이웃을 사랑하라는 예수님의 소중한 말씀을 실천하는 것인 때문이다.

따지고 보면 신우회와 함께 결식아동을 돕는 노조와 여직원협의회 회원들은 이미 선교의 울타리 안으로 들어온 셈이었다. 그들도 심방하는 가정에서 매번 합동기도에 동참하지 않았던가? 아마기독교에 대한 인식이 바뀌었을 것이다. 그게 바로 선교가 아니고 무엇이겠는가?

결식아동 가정을 심방하면서 나는 놀라운 체험을 하게 되었다. 그 중의 하나가 장애인 가정 이야기이다. 부모는 모두 장애인이고, 어린 딸은 귀 한 쪽이 기형이었다. 그래서 늘 머리를 길게 길러 귀를 덮고 다녔다.

부모는 재봉을 하여 납품하는 일을 했는데 외환위기가 닥치자 일감이 거의 없어져 생계유지가 막막한 지경이 되었다. 집이 곧 작업장이어서 심방을 가면 썰렁하다 못해 을씨년스러웠다. 가구라곤 거의 없고 재봉틀과 옷감만 있는 때문이다.

우리 일행이 방문하여 기도를 드리려는데 문득 문지방 위에 붙인 붉은 색 부적이 눈에 들어왔다. 오죽하면 부적을 붙여 놓으면서까지 복을 바랄까 측은한 생각이 들었다. 하지만 용납해서는 안 될 일이었다.

"복을 주시려고 하나님이 오셨다가 부적을 보고 괘씸해서 되돌아가시겠네요. 당장 떼도록 하세요."

"그래도 돈을 많이 벌게 해준다고 해서 붙인 건데……."

"부적은 귀신의 힘을 빌리는 겁니다. 귀신은 해코지하는 게 일이에요. 반면 하나님은 복을 주시죠. 어느 쪽을 택하는 것이 유리하겠습니까?"

"그, 그러다가 귀신이 심술이라도 부리면 어떻게 하죠?"

"귀신이 아무리 설쳐도 소용없어요. 하나님이 더 힘이 세거든요. 염려마세요."

한 달이 지나 다시 그 집을 방문했다. 슬쩍 살펴보니 부적이 보이지 않았다. 나는 고개를 끄덕였다. 얼마나 순수한 믿음이란 말인가?

성경에 예수께서 '네 믿음이 너를 구원했다'고 말씀하셨다는 말이 있다. 믿음의 힘이 기적을 낳게 만든 비결이었던 것이다. 하지만 실제 우리가 당면한 현실에서도 그럴 것인지는 나 자신도 확신이 없었다.

'아이고! 큰일 났습니다. 하나님이 정말 책임지셔야겠습니다.'

간절한 내 마음이 통했는지 아니면 우연의 일치인지 모르겠으나, 다시 그 집을 방문했을 때 우리 일행은 기적 같은 이야기를 들었다.

"저희 딸아이가 수술을 받게 되었습니다."

"어떻게요? 수술비가 적지 않게 들 텐데요."

"어느 선교단체에서 우리 딸아이 귀 수술을 해준다고 했습니다."

부모들은 눈시울을 붉히며 말했고, 딸아이는 마음의 상처가 치유되는 기쁨을 만끽하고 있었다. 우리 또한 하나님의 기적을 체험한 듯 모두가 감격했다.

그런데 기적은 그것으로 그친 것이 아니었다. 얼마가 지나 다시 그 집을 들르니 방에 일감이 가득한 것이 아닌가?

부적을 뗀 이후 벌어진 하나님의 기적이 아닐 수 없었다. 현장을 본 우리도 마찬가지였다.

아무리 신앙생활을 오래 했어도 현실과 믿음은 별개였다. 주일이면 습관적으로 예배당에 가는 것으로 충분했고, 성경에 나오는 기적들은 그저 신화일 뿐이었다.

그런데 그런 일이 눈앞에서 벌어졌으니… 달리 어떻게 설명할 수 있단 말인가? 아마 교회 목사님이 그 현장을 직접 보았다면 엄청난 간증거리가 되었으리라. 그리고 하나님의 기적의 현장을 직접 보고 체험한 이상 그의 목회 철학과 신념도 더 확고해졌을 것이었다.

"하나님이 정 장로님의 간절한 기도에 응답하신 것 같군요."

지난 번 심방 때 절절하게 느껴진 정 부장의 대표 기도가 생각났다. 부적을 뗀 가난한 장애인 부부의 간절한 소망을 담아 땀을 뻘뻘 흘리며 하나님께 간구했던 정 부장의 기도에 하나님께서 응답하신 것이라는 확신이 들었다. 그 자리에 모인 모두가 머리를 끄덕였다.

달리 해석하기보다는 그 말이 그 부부에게 더 큰 희망의 메시지가 될 것이었다. 만약 우연히 그렇게 되었다고 하면 희망에 부풀은 가족들에게 무슨 도움이 될 것인가.

결식아동 중에 무척 귀티가 나는 6학년 남학생이 있었다. 학업 성적도 뛰어나고 어린 나이임에도 불구하고 신앙심이 매우 깊었다. 심방을 가면 같이 진지한 표정으로 무릎을 꿇고 우리와 함께 기도를 드리기도 했다.

그 아이가 사는 집은 원래 할아버지와 할머니 두 노인만 살던 집이었다. 그런데 외환위기 이후 느닷없이 네 명의 손자들이 몰려든 것이었다.

아들, 즉 아이의 아버지는 노동판을 따라 지방으로 가고 며느리는 생활고를 이기지 못해 집을 나갔다. 또 딸은 식당 종업원으로 나가고, 사위는 자식도 버린 채 이혼하고 떠났다. 그러다 보니 노인들이 외손자와 친손자 모두를 떠안고 살 수밖에 없게 된 것이다.

그런데 설상가상으로 집주인이 전세 보증금을 대폭 인상하겠다고 통보해 왔다. 노인 둘만 살 줄 알았는데 군식구가 늘어나자 일부러 그랬는지도 모를 일이었다.

두 명의 노인과 네 명의 아이에게 시련이 닥친 것이다. 당연히 그들에게 무슨 뾰족한 대책이 있을 리가 없었다. 자칫하면 모두가 길거리에 나앉게 될 지경이었다.

사정 이야기를 들은 우리 일행은 참으로 난감했다. 도무지 해결할 길이 없는 때문이었다. 기껏 10만 원이 든 봉투를 내밀고 심방하는 처지에 목돈을 어떻게 마련한단 말인가?

"정 장로님! 우리는 이 문제를 해결할 힘이 없으니 전능하신 하나님께 기도할 수밖에 없겠군요. 우리 모두 간절히 기도합시다."

그것은 정 장로에게가 아니라 노부부가 들으라고 한 말이었을 것이다. 혹시라도 무슨 방도나 있는 줄 알고 우리에게 기대를 걸까 우려했던 것이다. 겉으로 보면 우리는 돈을 만지는 금융기관에 근무하는 이들이었으니 말이다.

기도를 마치고 우리는 아무런 대책 없이 가슴앓이만 하며 그 집을 나올 수밖에 없었다.

속절없이 시간은 흘렀고, 다음 심방일이 다가왔다. 이미 그 노부부는 어린 손자들과 함께 어디론가 떠났을지도 몰랐다. 물론 더욱 열악한 곳으로.

그런데 심방일을 며칠 앞두고 연락이 왔다. 노부부가 초등학교 옆에 있는 주택으로 이사했다는 것이었다. 대체 어찌 된 일인지 고개를 갸웃하며 우리 일행이 방문하자 할머니가 예전과는 달리 밝은 표정으로 우리를 맞아 주셨다.

힐끗 살펴보니 이사한 집은 전에 살던 곳과는 비교할 수 없을 만큼 좋았다. 거실도 크고 방도 여러 개인 것은 물론 무엇보다도 산동네를 벗어나 학교 옆으로 왔으니 아이들에게는 더 없이 좋을 터였다.

"대체 어떻게 해서 이렇게 좋은 집으로 이사를 하셨어요?"

"우리도 꿈을 꾸고 있는 것 같다오."

할머니는 흥분을 감추지 못하고 자초지종을 설명하셨는데 듣는 우리는 모두 벌린 입을 다물 수가 없을 정도였다. 도무지 믿기 힘든 이야기인 때문이다.

우리 일행이 다녀간 지 며칠이 지나서 느닷없이 집안 친척 한 분이 방문을 했단다. 그리고 급박한 사정을 듣고 친지들에게 사발통문을 돌렸고, 돈이 모아져서 이사를 하게 되었다는 것이다.

또 다시 기적의 현장을 체험한 후 정 장로는 그날따라 더욱 성령이 충만한 기도를 올렸다. 그리고 할머니가 거둔 어린 학생에게 우리 회사 노조가 중학교 이후에도 장학금을 지급하기로 결정하는 기쁜 일도 생겼다.

지금 그 학생은 청년이 되어 대학을 졸업했거나 군대에 가 있을 것이다. 축복을 받은 만큼 훌륭한 젊은이로 성장했을 것으로 믿어 의심치 않는다.

사소하지만 이런 기적 같은 일이 심방하는 곳마다 일어났다. 공통점은 결식아동 모두가 교회를 나가거나 하다못해 주일학교에라도 다닌다는 사실이었다. 이 같은 사실을 알고 보니 모든 것이 예사로이 보이지가 않았다.

'하나님은 엘리아에게 까마귀를 보내어 굶주림을 면하게 하시듯 절대로 자기 자녀들을 굶주리게 두시지 않는구나! 이번에는 까마귀 대신 우리를 보내셨고.'

외환위기가 부른 거친 풍랑 속에서도 기적과 같은 일이 일어나는 것을 보며 다시 한 번 하나님의 힘을 느꼈다. 어쩌면 기적이란 평소와는 다른 위급한 가운데 주시는 하나님의 선물이 아닐까?

미담의 주인공이 된 노조

크리스마스가 다가오자 신우회도 매우 바빠졌다. 어떤 행사보다 결식아동과 함께 하는 자리를 마련하자는 데 의견이 모아졌다. 장소 역시 평소에 신우회가 예배를 드리던 회사의 회의실로 정했고, 결식아동을 돕던 세 단체가 합동으로 크리스마스 행사를 치르기로 했다.

한 해가 지나면 지원 대상이 바뀐다. 때문에 중학교에 진학하거나 지원을 받지 못하게 되더라도 지난 추억을 잊지 않기를 바라는 마음에서였다. 또한 매달 산동네를 오르내리느라 고생한 회원들이 자축하는 의미도 있있다.

한 해를 결산하는 자리이니 만큼 정성을 담은 선물도 준비하고, 크리스마스 기분을 내느라고 회의실을 정성스레 치장했다. 큼직한 트리에 색색의 별과 반짝이 전구를 달고, 행사용 풍선도 준비했다. 푸짐한 음식을 마련한 것은 두말할 필요도 없다.

크리스마스 당일, 우리는 결식아동 가족들을 초대하여 즐거운 시간을 가졌다. 회의실은 화기애애한 분위기로 가득했고 웃음꽃이 피어났다.

이와 함께 반가운 소식도 전해졌다. 해당 학교로부터 그동안의 지원에 감사하다는 인사와 함께 학교 운영을 도울 자문위원으로 위촉할 분을 추천해달라는 연락이 온 것이다. 자문위원은 초등학교 운동회가 열리면 초대되어 귀빈석에 앉는 VIP이기도 했다.

"누가 좋을까요?"

"심방 활동을 가장 열심히 하신 노조 부위원장님이 어때요?"

"정말 훌륭한 생각이에요."

우리는 의견을 모아 노조 부위원장을 추천했고, 덕분에 회사 노조가 지역사회에 기여하는 뜻있는 역할을 하는 계기가 되었다.

노조는 또한 크리스마스가 지나면 헤어질 결식아동 중에서 장학생 한 명을 선발하여 급식비뿐 아니라 등록금 전액을 계속 지원하기로 했다. 게다가 부위원장이 학교 자문위원으로 위촉된 만큼 재학생들에 대한 지원 활동도 중단할 수가 없었다.

초등학교와 관련하여 노조가 여러 가지 활동을 한다는 소문이 유력 일간지에 미담으로 소개되기도 했다. 회사 노조가 임금투쟁만 하는 것이 아니라 지역사회에 봉사도 한다며 칭찬하는 기사였다.

누구나 한때 어려움을 겪을 수 있다. 이럴 때 주변사람들이 관심과 사랑으로 보듬어 준다면 좌절하지 않고 꿋꿋하게 일어나 생의 거친 파도를 헤치고 나갈 힘과 용기가 생긴다. 세상은 하나님의 사랑으로 충만하기에 우리가 작은 역할만 담당하면 되는 것이다.

노조의 미담은 이뿐만이 아니다. 나와 직접 관련된 일도 있다. 과격의 상징인 노조가 아니라 대화와 신뢰의 주인공이 되었으니 얼마나 고마운 일인가.

크리스마스 결식아동 돕기 행사를 마치고 얼마가 지나 노조 부위원장이 선물을 들고 우리 집에 왔다. 고향이 울진 근처라는 그는 보기에도 실한 울진 대게를 가져 온 것이다.

어쩌면 취임 전에 전화로 주고받은 대화가 마음에 걸려서일 수도 있다. 그래서 그의 선물은 마음에서 우러난 정표라고 생각하기로 했다.

"무슨 선물을 집에까지 들고 왔는가? 여하튼 반갑고 고맙네."

이런저런 이야기를 주고받다 보니 상대의 입장을 헤아릴 수 있었고, 서로에 대한 이해의 폭도 커졌다.

금융기관이니 겉으로는 편한 듯 보여도 직원들이 느끼는 고충이 많았다. 하지만 노조에 대한 나의 의견도 편하게 말할 수 있는 위치였으니 좋은 점도 있었다.

나는 1987년 과격한 노사분규의 현장을 직접 목격했고, 그로 인한 후유증 또한 톡톡히 겪었다. 당시 대기업과 중소기업이 겪은 노조와의 분규는 세인들의 상상을 불허할 정도로 거칠었다. 곳곳에서 인민재판 같은 인신공격과 폭력이 난무했고, 노조에 진저리를 치고 다시는 국내에서 사업을 하지 않겠다는 기업인들이 속출했다.

그 전까지 중소기업의 노사는 가족과 같이 좋은 분위기였다. 하지만 마치 열병처럼 번진 노사 분규는 화기애애한 중소기업의 노사관계를 송두리째 바꿔 놓았다. 어제까지 그렇게 순하고 다정했던 노조 간부들이 하루아침에 안면을 바꿨던 것이다. 어느 날 갑자기 패륜아로 돌변한 아들 때문에 풍비박산이 된 가정파괴와 흡사했다.

심지어 어느 운동권 목사는 노조를 이렇게 선동하기도 했다.

"일제가 망하고 떠난 공장을 한국인 노동자가 접수해서 문제없이 운영했습니다. 자본가들을 몰아내고 노동자가 주인이 되는 시대를 엽시다."

마침 창원에 볼 일이 있어 들렀다가 그 목사의 비밀 강습자료를 보고 알게 된 사연이다.

이후 기업인들은 중국으로 거취를 옮기는 것을 주저하지 않았다. 그로 인해 국가가 본 손실은 가히 천문학적 액수였고, 어쩌면 외환위기를 초래할 단초를 제공했다고도 할 수 있을 것이다.

만약 그처럼 과격한 노사분규가 없었다면 우리 기업들이 너도나도 앞장서서 중국으로 생산기지를 옮기지는 않았을 것이다. 물론 임금 상승은 피할 수 없으며, 점차 경쟁력을 잃어가는 중소기업들은 중국을 비롯하여 해외로 공장 이전을 하지 않을 수 없었을 것이다. 그러나 단계적으로 시차를 두고 이전하는 것이 훨씬 좋았을 텐데, 과격한 노조활동으로 인해 쫓기듯 이전하다 보니 수많은 시행착오를 겪지 않을 수 없었던 것이다.

노사갈등은 노사 양쪽 모두에게 책임이 있다. 노조만의 잘못도 아니고 그렇다고 사용자가 전적으로 책임을 져야 하는 것도 아니다. 시대와 상황에 따라 어느 쪽이 절제하고 양보해야 하는지 중심축이 조금씩 이동할 뿐이다.

감사는 임원이므로 사용자 측 입장이라 할 수 있다. 그러나 한편으로는 회사 전체의 위험을 관리해야 하는 객관적 시각을 가져야 한다. 그런 의미에서 노조와의 소통은 매우 중요한 과제가 아닐 수 없다.

결식아동 돕기 행사는 신우회를 통해 노조와 소통하는 비공식 라인이 되었다. 노조 간부들과 감사가 자연스럽게 교감이 이루어지게 된 것이다. 따라서 의도적인 방법은 아니었지만 결과적으로 노조 지도부와 감사가 상호 신뢰를 쌓는 계기가 되었다.

당시 노조 지도부와의 신뢰 관계는 내 임기 말 노조 지도부가 바뀔 때까지 지속되었다. 그리고 임기를 마치고 퇴사한 후에도 예전 노조 위원장이 정성어린 선물을 집으로 보내주었다.

사람 사는 세상. 사람과 사람 사이에 대화로써 풀지 못할 일이 무엇이 있겠는가. 어차피 홀로 살 수는 없는 것을, 역지사지(易地思之)라고 조금만 더 상대의 입장을 헤아린다면 보다 아름답고 즐거운 삶을 살 수 있을 것이다.

직업병이 된 의심병

내가 S기금의 감사로 취임했다는 소식은 언론에도 보도가 되었다. 그러자 오랫동안 소원했던 사람들이 찾아오기 시작했다. 오랜 친지들을 만나는 것이 반갑기는 하지만 마음 한 구석으로는 은근히 경계심이 들기도 했다. 감사라는 직업 때문에 의심부터 하는 버릇이 생긴 것이었다.

'혹시 무슨 청탁을 하려고 나타난 것은 아닐까?'

평소에 자주 만나지 못했던 선후배와 친지들이 과거 인연을 끈으로 사무실로 나를 찾아오는 것을 단순한 친교로만 여길 수 없는 것이 현실이었다.

너도 나도 바쁘게 살아가는 시대, 웬만한 이해관계가 아니라면 굳이 시간을 내어 발걸음을 하기가 어디 쉬운가?

과연 내 예상은 기우(杞憂)로만 그치지 않았다. 적지 않은 사람들이 부담스런 부탁을 하려고 방문한 것이었다. 하지만 정작 긴요한 부탁을 하는 경우는 많지 않았다. 나 역시 그런 시각으로 방문객을 맞다 보니 어딘가 모르게 눈치가 보인 모양이었다.

예전에는 허물없이 지냈던 어느 선배는 어려운 이야기를 꺼내다가 말을 삼키기도 했다. 분명히 어떤 용건을 상의하려고 오랜만에 찾아왔을 터였다. 자칫하면 직업 때문에 우정마저 금이 갈 우려가 있었다. 내심 현명한 처신을 하지 않으면 욕깨나 얻어먹겠다는 걱정이 앞섰다.

심지어 구조조정으로 금융기관에서 명예퇴직한 어느 지인은 아예 나를 믿고 모 기업에 재취업을 했다며 인사차 찾아왔다고 했다. 우리 회사와 직접 관련이 있는 기업이 업무를 원활히 하고자 그를 영입한 것이었다.

나는 관할 지점장에게 각별히 유의하라고 당부했다. 특별히 배려할 이유도 없고 배척할 까닭도 없는 일이었다. 정당한 절차에 따라 관리하면 될 것을 기업인들은 겁부터 먹기 일쑤였다. 업무 처리에 안면이 먼저 작용한다고 믿기 때문일 것이다.

내 지인 역시 금융기관 출신이기에 그런 관행을 알고 있었을 것이다. 아니 오히려 기업의 생리를 누구보다 잘 알고 있기에 퇴직 후에도 그런 기회를 포착할 수 있었을지도 모른다. 내가 그의 배경이 되리라고는 전혀 생각하지 못했지만 그렇다고 훼방 놓을 일도 아니니… 씁쓰레한 미소를 지을 수밖에.

하지만 모두가 그런 것은 아니었다. 정말 오랜만에 만났어도 내 입장을 십분 이해하는 친구도 있었다.

세상은 무척 좁다. 한 다리만 건너도 아는 사이요, 여섯 다리만 걸치면 대통령도 알게 된다고 하지 않던가.

예전에 지방에서 직장 생활을 할 때 친하게 지냈던 친구를 대통령직인수위원회에서 일할 때 우연히 다시 만났다. 친구의 지인이 인수위에 파견을 나온 관료였고, 나와 같은 팀이었던 것이다.

내 친구가 지인인 관료를 만나러 왔다가 나를 만난 것이다. 얼마나 반가웠는지 모른다. 살다 보니 다시 만나는 날도 있다며 우리는 마냥 신기하게 느꼈다.

그런데 그 친구의 지인이 우리 회사의 간부 중에도 있었다. 얼렁뚱땅 농담으로 친구의 마음을 떠 보았다.

"친구 때문에 감사 노릇도 못해 먹을까 걱정이네. H형 체면을 봐서라도 지인들이 잘못하면 눈 감아 줘야 할 테니 말이야. 하하—!"

"무슨 소리를 하는 거야? 그렇지 않아도 내가 그 친구들한테 단단히 일러두려고 하네. 감사 입장 곤란하게 하면 내가 가만두지 않을 거라고 말이야. 그러니 조금도 염려하지 말게. 만약 그 친구들에게 잘못이 있으면 더 엄히 처리하게. 나를 믿고."

다행히 그 친구는 내 입장을 십분 이해하고 앞장서서 도우려 했다. 사실 그 친구의 평소 오지랖을 생각하면 골치 아픈 일을 가져 올 가능성이 높았다. 그런데 걱정했던 친구가 오히려 내 입장을 더 염려해 주니 고마웠다.

임기 내내 그 친구는 나를 도우려고 애를 썼다. 그리고 그 친구의 지인들도 나를 곤란하게 할 일을 만들지 않으려 노력했으니 천만다행이었다.

축의금에 얽힌 에피소드

직장인이라면 누구나 현직에 있을 때 자녀를 결혼시키는 것을 다행한 일로 여긴다. 퇴임 후에는 아무래도 초라한 결혼식이 될 가능성이 크기 때문이다. 그런 의미에서는 다행스럽게 나도 임기 중에 아들의 결혼이 닥쳤다.

투신사에 근무하는 큰아들이 사내 결혼을 하게 된 것이다. 며느리가 될 여성을 집으로 데려왔는데 수수하고 차분한 인상이어서 좋았다.

짝을 만났으니 당연히 결혼을 시켜야 하는데 문제는 축의금이었다. 과연 축의금을 받아야 할지 받지 말아야 할지 고민하지 않을 수가 없었다.

내가 결혼했던 30년 전의 추억이 마치 어제 일처럼 생생하게 떠올랐다.

나도 캠퍼스 커플이다. 그리고 우리는 모교 최초로 교수회관에서 결혼식을 치렀다. 유례가 없는 일이었기에 학교 사무처는 카펫까지 준비해서 부랴부랴 결혼식장을 꾸몄다.

결혼 당일은 휴일임에도 불구하고 도서관에 있던 후배들이 모두 나와서 구경하는 바람에 연예인 결혼식을 뺨칠 정도로 수많은 하객이 붐볐다. 더구나 식장이 좁았기 때문에 사진도 밖에서 찍어야 했다. 요즘에는 보편화된 야외촬영을 우리는 30년 전에 이미 경험했던 것이다.

당시 우리 부부는 뜻 있는 결혼식을 하겠다고 접수대를 치우고 축의금을 사절했다. 그런데 미처 이러한 소식을 듣지 못한 하객들이 난리가 났다. 축의금 봉투를 들고 우왕좌왕한 것이었다. 보다 못한 내 동기들이 제멋대로 책상을 가져와 접수대를 차리고 축의금을 받았다.

식을 마치고 곧바로 신혼여행을 떠나려는데, 친구들이 축의금 보따리를 차 안으로 밀어 넣는 것이었다.

"이게 뭐야?"

"우리가 대신 축의금 받았어. 신혼여행 경비로 써."

괜히 뜻있는 결혼식을 하겠다고 하객들의 불편만 초래한 꼴이었다. 이 무슨 망신스런 쇼란 말인가?

더욱 가관인 것은 축의금을 사절한다는 것을 뒤늦게 안 친구가 내게 전해 달라는 다른 친구의 축의금까지 갖고서 여자 친구와 여행을 떠난 것이다. 본인은 신혼여행 예행연습이라고 했는데… 다시 돌려 달라고 할 수도 없고 그냥 웃고 넘겼다.

마치 해프닝과도 같았던 스스로의 결혼식을 회고해 보니 괜스레 유별난 짓을 할 용기가 나지 않았다. 감사가 뭐 대단한 자리라고 청렴한 체하는 것 같기도 했다. 그저 현직에 있을 때, 또 감사라는 그럴 듯한 지위에 있을 때 자식의 결혼을 치르는 것을 고맙게 여기자는 마음이었다.

그런데 지방에 있는 한 지점장이 당일에 참석하기 힘들다면서 미리 축의금을 보내왔다. 받고 보니 50만 원이나 된다. 상식을 벗어난 축의금이라고 여겼다. 분명히 자기가 거액의 축의금을 냈다는 사실을 기억해주길 바라는 듯했다.

궁리 끝에 나는 한 가지 묘안을 냈다. 차액을 거슬러 주기로 한 것이다. 즉 10만 원만 축의금으로 받고 나머지는 반송한 것이다. 생각할수록 웃기는 일이 아닐 수 없다.

내 결혼식 때 축의금을 빼돌려 미리 신혼여행을 간 친구도 황당하지만, 축의금이 많다고 거슬러주는 일도 좀처럼 보기는 쉽지 않을 것이었다.

이 일이 알려졌는지 다른 이들은 비교적 적절한 액수의 축의금을 냈고, 아들의 결혼식을 평온하게 치를 수 있었다.

떡 본 김에 제사 지내려다가

평소에 왕래가 있는 선배 한 분이 나를 찾아왔다. 안식구의 학과 선배이기도 하고, 부부 동반으로 가끔씩 만나기도 하는 사이였다.

그 선배도 사업을 하지만 굳이 정책자금을 쓸 만큼 쪼들리는 처지는 아니었다. 그런데 마침 우리 회사가 창업과 관련하여 소액 정책자금을 취급하자 개인 사업자들이 몰려들기 시작한 것이다.

"아니 P선배가 웬일이십니까? 제 사무실에까지 다 납시고."

나는 그저 지나가다 들른 줄 알았다. 그런데 그 선배 역시 뉴스를 듣고 솔깃해서 나를 찾았던 모양이다.

"아무래도 자네가 감사로 있을 때 지원을 받아야 할까 봐. 이런 기회가 왔을 때 덕 좀 봐야지."

"돈이 급하게 필요하세요?"

"그런 건 아니지만… 안사람도 이런 기회에 뭐라도 일을 벌이자는 거야. 떡 본 김에 제사 지내자는 거지."

선배는 재개발지역 주변의 어느 시장 점포를 분양 받아 새로운 업종에 진출하겠다고 했다. 자격은 충분했다. 기존 회사의 신용상태로 충분히 금융지원은 될 수 있었으니까.

나는 청에 못 이겨 정책자금을 대출해 주도록 했다. 특별히 힘을 쓴 것이 아니라 그저 절차에 따랐을 뿐이다. 선배는 대출 자격요건도 모두 갖추었기에 문제가 될 것도 없었다.

그 선배가 내 덕을 본 것이 있다면 다소 시간을 번 정도였을 뿐이다. 아무래도 직장 상사인 감사의 지인이라니 직원이 신속히 일 처리를 했으리라.

대출을 받은 선배는 기쁜 얼굴로 돌아갔지만 무리하게 벌인 일이 좋을 리 없었다. 얼마 후 들은 이야기로는 점포 분양에 말썽이 생겨 선배는 곤욕을 치렀다고 했다. 집단으로 공동사업을 하는 경우 흔히 발생하는 분쟁이었다.

그러다 보니 사업을 제대로 시작도 하기 전에 적지 않은 금융비용이 발생했고, 지리한 분쟁에 휘말려 시간은 또 얼마나 낭비했는지 모른다.

선배는 제대로 심사숙고한 후 도전한 것이 아니라 정말 떡 본 김에 제사를 지내려고 했던 모양이었다. 결국 그 선배는 욕심을 부린 만큼 업보를 단단히 치렀고, 나중에 나한테 말도 못하고 슬그머니 대출을 갚았다고 한다.

선배가 곤욕을 치르는 과정을 보며 계영배(戒盈杯)라는 술잔이 생각났다.

계영배는 '가득 차는 것을 경계하는 잔'이라는 뜻으로 절주배(節酒杯)라고도 불리는데, 잔에 술을 70퍼센트 정도 부으면 괜찮지만, 가득 부으면 술이 사라지는 마법과도 같은 술잔이다.

계영배는 사이펀의 원리를 이용한 잔이다. 잔 안쪽에 구멍을 뚫고 관을 연결하여, 관의 높이까지 액체를 채우면 새지 않으나, 액체가 관보다 높으면 관 속과 물의 압력이 같아져서 수압의 차이에 의해 액체가 흘러나오는 것이다.

중국의 춘추시대의 춘추오패(春秋五覇)중 하나인 제환공(齊桓公)이 군주의 올바른 처신을 위해 인간의 끝없는 욕망을 경계하며 늘 곁에 놓고 마음을 다잡았다고 하여 유좌지기(宥坐之器)라 불렸다고 한다.

우리나라에서는 조선 후기 실학자이자 과학자인 하백원(河百源)이 잔을 만들었다는 말도 있고, 도공(陶工) 우명옥이 자신의 방탕한 삶을 뉘우치며 만든 것이라고도 한다.

조선 후기의 거상 임상옥(林尙沃)은 이 잔을 늘 곁에 두고 인간의 과욕을 경계하여 조선의 거상이 되었다고도 한다.

예나 지금이나 인간의 욕심은 같은 것. 늘 스스로를 돌아보며 분수를 지켜야 할 것이다.

거절할 수 없는 청탁

내가 정책 금융기관인 S기금에 오기 전에 근무했던 곳은 벤처투자회사였다. 재벌기업들이 중소기업 육성 차원에서 공동출자한 회사였기 때문에, 따지고 보면 그 회사 역시 민간이 출자한 정책적인 금융지원기관인 셈이었다.

많은 사람들이 공짜로 지원을 받아도 되는 대상으로 알고 있지만 실상은 그리 호락호락하지 않은 곳이었다. 막상 회사 입장에서 투자를 하려니 무조건 모험하기가 어려운 때문이다.

아무리 벤처라지만 아직 기술적으로 부족한 면이 많고 경제성 또한 증명되지 않은 기업을 상대로 투자를 하기란 쉽지 않은 때문이었다. 나는 과거의 예를 거울삼아 오랜 생각 끝에 안전성과 모험을 적절하게 배합하는 투자를 하는 것이 옳은 길이라는 결론을 내렸다.

사업도 사람이 하는 일인 만큼 서로 믿을 수 있어야 한다. 난생처음 대하는 사람을 어떻게 믿고 투자를 할 수 있겠는가? 그러다 보니 안면이 있는 인간관계가 연결고리가 되어 경영자의 신용을 평가하게 마련이었다.

흔히 신용평가에 가까운 친구나 친인척이 끼어들면 일이 어긋나는 경우가 많다. 나 역시 그 같은 경험이 있다.

평소에도 잘 아는 사람이고, 재력이나 사회적 신분, 기업계의 평판 등 누구보다 믿을 만하다고 여겨 투자를 했다. 물론 안면이 있다고 해서 비리를 저지른 것은 아니다.

자격 요건을 비롯한 모든 사항을 점검하여 부합되었기에 투자한 것이지만, 남보다는 더 믿었다는 사실을 부정할 수는 없다. 그러나 결과는 참담했다.

그러다 보니 친척 간에도 감정의 골이 깊어지고, 회사에서 내 처지는 말이 아니게 되었다. 전말을 아는 직원들이야 이해한다고 하지만 내 자신이 부끄러워 견딜 수가 없었다. 오히려 회사 사장을 맡으라는 대주주의 권유를 사양하고 결국 스스로 회사를 물러났다.

그런데 다시 정책 금융기관에 근무하게 되니 주변의 지인들이 다시 찾아오기 시작했다. 역시 그 중에는 동생뻘인 친척이 있었다. 종손 집안이라 선산을 지키는 집안 아저씨의 아들로 개인사업을 한다고 했다.

우리 조상들도 물론 그 선산에 모셨다. 그러니 추석 때는 어김없이 성묘를 가야 했고, 벌초 등 관리는 종손 아저씨가 도맡아 했다.

그 친척 동생은 해외투자를 하려다 보니 자기가 보유한 자금만으로는 힘에 부쳤고, 투자자를 모았지만 막대한 자금을 조달하기가 어려웠던 것 같다. 그러던 차에 내 소식을 듣자 제 딴에는 비빌 만한 언덕이 생겼다고 생각하고 찾아온 듯했다.

당시까지만 해도 우리 회사와 거래한 실적이 없었는데, 내가 취임하자 기다렸다는 듯이 서둘러 자금 지원을 요청해 왔으니 말이다.

하지만 정작 내 사무실에 나타난 것은 친척 동생이 아니라 동생 회사의 간부였다.

기본적인 예의조차 지키지 않는 동생에게 화가 난 나는 직원이 전하는 명함을 받으며 심드렁하게 물었다.

"무슨 일로 오셨나요?"

"자금 지원을 받으려고 합니다."

"그런데요?"

"사장님이 감사님을 뵈면 잘 해결해 주실 거라고 해서… 이렇게 찾아온 겁니다."

'아니, 지금 나한테 맡긴 돈 찾으러 온 건가?'

아무리 인척이지만 명색이 사업자금을 지원 받으려면 자초지종 설명이라도 하고 요청을 하는 것이 순서일 터였다. 사장이 해외출장 중이라고 변명을 하지만 아무런 연락도 없이 아랫사람을 보내는 무례하고 방자한 태도부터 괘씸했다.

나는 울컥 치미는 분노를 간신히 억누르며 말했다.

"사장은 내게 전화 한 통도 없었는데 나보고 대체 어쩌라는 겁니까? 해당지점에 정식으로 신청하고 규정대로 지원을 받으세요."

도무지 무엇을 어떻게 도와 달라는 것인지 알 수가 없었다. 뜬 금없이 찾아와 빚 받으러 온 사람처럼 행세하니 이런 황당한 일이 어디 있는가? 그래도 지나치게 매정하게 굴 수는 없어서 관할지 점에 연락은 해두었다. 만일을 대비한 예방조치라고나 할까.

하나를 보면 열을 안다고 그들이 지점 직원을 만날 때 어떤 태도를 보일지 뻔했기에 해당 지점장에게는 공정한 심사를 하라고 신신당부를 했다.

하지만 아무리 그래도 감사가 직접 전화를 해서 집안 동생이라고 하면 어찌 일반고객과 같이 대할 수 있겠는가? 대하는 태도부터 다를 것이었다. 전화기를 내려놓으면서도 찝찝한 기분이 드는 것을 금할 수 없었다.

추석이 되어 성묘를 갔더니 종손 아저씨가 잔뜩 화가 난 음성으로 내게 말했다.

"이보게 조카! 내 아들이 조금 도와 달라고 갔는데… 그렇게 매정하게 대했다면서? 앞으로 상종도 하지 말라며 펄펄 뛰더라고. 그러나 자네는 평소에 그런 사람이 아니라서 무슨 오해가 있었지 했는데… 그래도 서운하더구먼."

아마도 자기의 섭섭한 마음을 제 부친에게 고자질한 모양이었다. 이런 철딱서니하고는!

"아저씨, 그 녀석이 잘못 알아도 한참 잘못 알았습니다. 그 녀석 회사 명함으로는 우리 회사 지점장 얼굴도 못 봅니다. 첫 거래에 그 정도 지원이면 엄청나게 봐 준 겁니다. 알지도 못하면서 내 욕이나 하고 자빠졌으니… 주제 파악도 못하는 녀석이 무슨 사업을 하겠다고 그런답니까? 당장 때려치우라고 하세요."

내가 언성을 높이며 녀석을 욕하니 도리어 아저씨가 미안한 표정을 지으며 쩔쩔맸다.

"아무리 그래도… 감사가 나서 주면 더 많이 도와줄 수 있을 거라더만."

아저씨는 아들 녀석의 말을 그래도 믿고 싶은 모양이었다. 감사가 무슨 대단한 권한이 있는 줄 아는 것이다.

이처럼 우리 사회에 만연한 권력형 비리는 규모만 다를 뿐 거의 대동소이하다고 할 수 있다. 가까운 인척이 한 자리 하면 그를 이용해서 어떻게 한몫 챙기려는 작자들이 날뛴다. 그런 부류들은 오직 자신의 이익을 추구할 뿐 당사자의 입장은 전혀 고려하지 않는다.

정에 이끌려 차마 내치지 못하고 이런 이들의 사정을 보아 주다 보면 나중에 엉뚱한 피해를 보기 십상이다. 대통령 인척들이 권력형 비리에 연루되어 언론에 보도될 때마다 욕은 대통령이 먹을 수밖에 없는 것과 마찬가지다.

참으로 안타까운 현실이다. 감사 따위를 무소불위의 권력자로 알 정도이니 보다 지위가 높고 많은 권력을 가진 이야 오죽하겠는가? 수많은 게이트가 생기는 이면에는 사업을 이권으로 여기는 비뚤어진 의식이 사회에 만연한 까닭이다.

나는 형제나 친가 쪽의 사촌이 없다. 고모님이 한 분 계시고, 내 겐 고종사촌누이가 되는 딸이 있을 뿐이다. 그러니 고종사촌이 아 니라 친누나와 같은 관계였다.

당연히 명절이면 늘 고모님 댁에 인사를 갔고, 마치 데릴사위 처럼 고모님을 누님 댁에서 모시고 살았다. 인사를 갈 때마다 고 모님은 내게 말씀하셨다.

"네 매부를 극진히 섬기도록 해. 무슨 일이 있으면 열심히 돕고!"

입버릇처럼 하시는 말씀은 자신을 모시고 사는 매부에게 미안 해서 하시는 것이었다. 그런 때문에 고종사촌누이의 부탁은 거절 이 어려울 수밖에 없었다.

내가 취임하자 누님이 연락을 해왔다. 사업을 하는 매부의 뒷 바라지를 해달라는 것이었다. 규정상 어렵다고 아무리 통사정을 해도 막무가내다.

"오죽하면 내가 너한테 이런 부탁을 하겠냐? 어려울 때 서로 돕는 것이 형제간의 도리 아니냐?"

간곡한 누나의 말에 지난 일이 주마등처럼 뇌리를 스치고 지나 갔다.

매부가 누님과 결혼할 무렵, 나는 대학 등록금을 마련하지 못 해 애를 태우고 있었다. 그런데 매부가 긴급히 융통을 해줘서 위 기를 모면할 수 있었다.

"누님, 말씀은 알겠소만 그래도 회사 업무와는 연결시키지 마 소. 동생이 감사 노릇도 못하게 해서야 되겠어요? 내가 개인적으로 돕는 방법을 생각해 보죠."

결국 개인적으로 얼마를 어떻게 돕느냐가 관건이었다. 하지만 매부가 필요하다는 액수는 내가 감당하기에는 너무도 벅찼다.

누님은 사정이 급박하다면서 내가 살고 있는 아파트를 담보로 하여 융자를 받으라고 했다. 나는 설마 누님이 내가 살고 있는 집까지 내놓으라고 요구할 줄은 몰랐다. 아마 내가 그 정도는 감당할 능력이 있다고 여기는 모양이었다.

말이 빌리는 것이지 결과는 뻔했다. 대출금은 분명 제때에 상환하지 못할 테고, 담보로 잡힌 아파트는 경매로 넘어갈 것이었다.

아무리 중요한 고비에 매부에게 신세를 졌더라도 이건 너무 심하다 싶었다. 내가 가진 재산이라야 겨우 아파트 한 채뿐인데 그마저 날려 버릴 수는 없는 일이었다.

밀고 당기는 협상이 여러 날 계속되었다. 그동안 한편으로는 적당히 매부 사업체에 금융지원을 하면 내가 지긋지긋한 굴레에서 벗어날 수 있으리라는 유혹에 끊임없이 시달렸다.

'차라리 눈 딱 감고 회사를 통해 지원을 하면 어떨까?'

하지만 아무리 내 돈이 아니라도 그럴 수는 없었다. 감사가 모범을 보이지는 못할망정 거의 불법이나 다름없는 일에 휘말려서는 안 되었다.

나도 끈질기게 누님을 설득하고 애걸했다. 결국 누님도 하는 수 없이 한 발 물러서서 대출기한이 다 된 1천만 원에 대한 연장 보증을 내가 맡기로 했다. 1년을 연장하는 조건으로 매부 대신 내가 보증을 섰지만, 기한이 되면 내가 대신 갚아야 할 것이었다.

불안한 예측은 거의 틀리지 않는 법이다. 가능성이 낮기에 예측 때부터 불안한 것이리라. 과연 예상대로 1년 기한이 지나고 보니 그 동안의 이자는 연체 상태였다. 어차피 각오한 바였기에 더 이상 기다릴 필요가 없다고 판단하고 즉시 갚아 버렸다. 누님은 매부의 사업이 이미 기운 상태에서 지푸라기라도 잡고 싶은 심정이었던 것이다.

그 일이 있은 얼마 후 누님은 화병으로 세상을 떴다. 만약 그때 누님의 부탁을 매정하게 거절했다면 얼마나 후회되고 미안했을까 싶었다.

누님이 무리한 요구를 해 왔을 때만 하더라도 몹시 황당하고 미운 생각이 앞섰다. 아무리 궁지에 몰려도 그렇지 동생인 나에 대한 배려는 전혀 하지 않고 막대한 손해를 입을 수 있는 무리한 요구를 하다니… 너무도 야속했던 것이다.

하지만 그래도 누님이 아주 섭섭해 하지는 않을 정도의 도움을 드렸고, 손해 또한 내가 감당할 수 있는 정도였으니 그나마 다행이라 할 것이었다.

나와 관련이 있는 일이지만, 사업이 얼마나 사람들을 광적(狂的)인 상태로까지 만들 수 있는지를 극명하게 보여준 사례가 아닐 수 없다.

어쨌든 회사에 누를 끼치지 않고 내 형편에 맞게 도운 것으로 그나마 위안을 삼을 수밖에.

민원과 청탁 사이

보통사람들은 금융기관의 문턱이 너무 높아서 혜택을 받기 어렵다고 생각한다. 그래서 누군가 아는 사람을 통해야 일이 풀린다고 여기는 것이다.

하긴 문턱이 높은 곳은 비단 금융기관뿐이 아닐 것이다. 어쩌다가 공공기관이나 심지어는 제법 잘나간다는 회사를 찾아가도 일선 근무자는 고압적 자세인 경우가 많다.

요식행위가 잘못되었다면 알려 주면 될 것을 거의 윽박지르듯 사람을 대하는 경우가 적지 않다. 그러나 아는 사람 한 명만 있으면 백팔십도 달라진다. 때로는 안 될 일까지도 쉽게 처리되기도 한다.

그러니 혈연, 학연, 지연을 따져서 작은 인연의 끈이라도 찾아 엮으려 드는 것이다.

나 역시 인맥을 매우 중시하는 우리 사회의 오랜 관행을 모르지 않는다. 하지만 그러한 관행이 초래할 위험성을 경계하지 않는다면 부정과 비리는 그칠 날이 없을 것이다.

그래서 어떤 사람은 청탁을 멀리하고 무조건 배격한다. 청탁은 받지도 말고 하지도 않는 것을 철칙으로 여기는 것이다.

그런데 금융기관에서 민원과 청탁은 종이 한 장 차이인 경우가 많다. 그런데 미묘한 경우가 있다. 마치 1990년대의 젊은이들 사이에서 유행했던 「사랑과 우정 사이」라는 노래처럼 청탁과 민원의 중간쯤 되는 애매한 경우가 생기는 것이다.

민원은 개인적으로 알지 못하는 사람이 공식적으로 제기하는 요구 사항이고, 청탁은 안면이 있는 이를 통해 절차를 간소화하거나 또는 유력한 인사를 내세운 고압적인 부탁이다. 나름의 개념 규정이 맞는지는 몰라도 나는 그렇게 정의한다.

그러나 막상 들여다보면 민원이라고 모두 정당한 것도 아니고, 청탁이라고 해도 무리하지만은 않은 경우가 많다. 따지고 보면 정치권을 통해 접수되는 민원은 오히려 청탁에 가깝다. 권력의 힘을 빌려 개인적 이익을 얻으려는 의도가 숨어 있는 것이다.

내가 근무하는 곳이 특히 정책 금융을 다루는 곳이다 보니 정치권 인사들의 청탁성 전화가 꽤 있었다. 그래서 나중에는 전화 받기가 두려워졌다.

하지만 그렇다고 전화를 회피할 수도 없는 일, 피할 수 없으면 즐기라는 말처럼 나는 당당하게 맞서기로 했다. 일단 어떤 내용인지 들어보고 판단하기로 한 것이다.

그렇게 시간이 흐르면서 정치권의 청탁을 다루는 노하우도 나름대로 터득하게 되었다. 사실 아무리 정치인이라고 해도 자기 지역의 민원을 모두 해결할 수는 없거니와 무작정 밀어붙이기도 어렵다.

지역 민원인의 영향력이나 인간관계 때문에 부득이 전화로라도 부탁을 하는 것일 뿐이다. 정작 이권 때문에 청탁하는 경우라면 감사를 대상으로 삼을 리가 없을 것이다.

그러므로 안 되는 일을 되게 만들라는 경우는 거의 없었다. 민원 내용이 적법하고 타당한지는 당해 기관이 판단할 문제였다.

하지만 정작 민원인은 자신이 힘이 없기 때문에 안 될 것이라고 섣부른 판단을 하는 경우가 많았다. 정치인을 통한 청탁도 바로 힘을 빌리려는 것이다. 그래서 내부적으로는 제법 힘이 있다고 여겨지는 감사를 동원했는데도 안 된다면 그때에서야 수긍하곤 했던 것이다.

만약 당해 기관이 정치인의 청탁을 빌미로 편파적이거나 그릇된 업무 처리를 했다면 그 책임을 청탁한 이에게만 전가하는 것은 무책임하고 비겁한 짓이다.

나는 내게 들어온 민원을 해당 지점에 통보하면서 이런 점을 분명히 했고, 몇 가지 원칙을 지키도록 했다.

첫째, 민원인에게는 무조건 친절해야 한다.

민원인은 기관의 문턱이 너무 높다고 생각하므로, 직원이 조금이라도 오만하거나 고압적인 태도를 보이면 주눅이 들고 불만이 싹튼다. 하지만 정치인이나 힘 있는 인사를 통하면 직원들의 태도가 달라지므로 약발을 받았다고 여기는 것이다.

둘째, 청탁이라 생각하지 말고 타당성을 냉정하게 판단해서 처리해야 한다.

만약 청탁이라는 핑계로 섣부르게 판단하여 처리했다가 결과가 좋지 않을 경우 전적으로 책임을 지도록 하고 인사상 불이익도 각오해야 한다.

셋째, 불가하다는 결론이 나면 왜 그런지 상대가 이해할 수 있도록 친절하게 그리고 미안한 마음으로 설명하라.

일 처리가 불가능한 이유를 알아듣도록 설명하고 상대를 납득시키는 것 또한 능력이다.

이런 자세로 임하는데도 그 민원인이 자기 지역의 정치인에게 계속 압력을 가한다면 감사인 내게 그 민원인을 보내라고 했다. 일이 안 된다고 이리저리 쑤셔 보며 계속 추진하는 것은 무의미하고 피곤한 일일 뿐이니까.

나도 근무하는 동안 민원인지 청탁인지 모를 일로 인해 적지 않은 시간을 축냈다. 그러나 그것이 시간 낭비라고만은 생각하지 않았다. 그게 바로 직원과 기관을 보호하기 위해 감사가 해야 할 일인 때문이었다.

시험대에 오른 첫 특별감사

내가 부임한 지도 제법 지나 감사업무도 점차 틀이 잡혀 가던 때였다. 아침에 출근을 하니 사장실로 급히 와달라는 연락이 왔다.

"우리 기관의 지역본부가 거액의 부실 지원을 해서 사고가 발생했다는 방송보도를 봤습니까?"

"아니오, 금시초문인데요."

"그리고 모 지점에서 방금 대형사고가 터졌다는 보고가 올라왔는데 아시나요?"

"……."

유구무언(有口無言), 입이 있어도 할 말이 없었다. 방송은 보질 못했고, 어떤 보고도 받은 바 없으니 대꾸할 말이 없었던 것이다.

사장은 화가 치미는지 거친 숨을 몰아쉬며 분을 삭이느라 안절부절 못했다.

"사장님, 너무 염려 마십시오. 제가 책임지고 문제를 해결하겠습니다."

"아니! 감사가 어떻게 책임을 져요?"

불난 집에 부채질 한 듯 사장의 음성이 커졌다. 밖에 있는 비서들은 감사와 싸우는 줄 알았을 것이다. 하지만 그렇다고 꽁무니를 뺄 처지가 아니지 않은가.

"그럼 누가 그 일을 합니까? 감사가 해야죠."

나도 한마디 쏘아붙이고는 휙 돌아서서 내 사무실로 돌아왔다.

마침 감사실장이 보고를 하려고 대기하고 있었다. 역시 같은 내용을 알리려고 온 것이었다.

나는 즉시 두 곳에 특감팀을 구성하라고 지시했다. 한 팀은 방송에 보도된 곳으로, 다른 한 팀은 대형사고가 난 곳으로 보낼 요량이었다.

부산하게 작업을 준비하는데 사장으로부터 전화가 왔다.

"김 감사, 아까는 급한 마음에 화를 내서 미안해요. 역시 감사가 맡아 줘야 할 일인 것 같소."

"너무 염려하지 마십시오. 지금 특감팀을 구성하고 있으니 내일이면 출발할 수 있을 겁니다."

나는 두 팀장의 성격을 고려하여 대상지역을 분담시켰다. 대략 알아본 바에 의하면, 첫 번째 지역은 보도를 한 기자의 오해도 적지 않았다. 사고 규모가 비교적 크기는 했어도 사고의 성격이 부정이나 비리로 보기가 어려웠던 것이다. 따라서 오해를 풀면 사건

수습도 순조로울 것이므로 특감팀장도 친화력이 있는 인물이 적당하다고 생각했다.

"강 부장! 특감팀과 함께 내려가면 제일 먼저 방송 기자부터 만나세요. 그리고 자초지종을 자세하게 설명해서 더 이상 오해로 인한 추가 보도가 나오지 않도록 해야 합니다. 지역본부 감사는 그 다음에 해도 늦지 않습니다."

다음날, 강 부장으로부터 연락이 왔다. 내가 지시한 대로 하여 순조롭게 처리가 되었다는 내용이었다. 그러나 단지 오해가 풀렸다고 해서 문제가 완전히 해결된 것은 아니었다. 빌미를 제공한 지역본부에 대한 감사는 별도로 진행되어야만 했다.

대형사고가 발생한 지점에는 강직한 성격의 팀장을 차출하여 보내며 신신당부를 했다.

"신 부장! 그곳은 알다시피 정치적으로 예민한 곳입니다. 자칫 정치권과 엮이는 경우 일이 크게 확대될 우려가 있어요. 본사에 미칠 파장도 여간 아닐 겁니다. 어떤 상황이 생기더라도 꿋꿋한 자세로 정확히 감사를 하면 됩니다. 그게 살 수 있는 유일한 길입니다. 나는 신 부장만 믿습니다."

"알겠습니다. 최선을 다하겠습니다."

나름 적절한 팀을 꾸려서 내려 보내긴 했지만 마음이 놓이지 않았다. 이번 특감은 감사로서 첫 시험대가 아닐 수 없었다. 현명하게 처리하지 못하면 앞으로 많은 곤란을 겪을 것이 분명했다.

늦은 밤까지 현지 중간보고와 지시를 하고 퇴근하는 날이 계속

되었다. 한 번은 자정을 넘기고 막 잠자리에 들려는데 전화벨이 울렸다.

따르릉—!

심히 불안하고 긴장된 상태로 수화기를 들었다.

"나, 사장이요."

"아니! 무조건 사장이라니… 어떤 사장이요?"

"회사 사장이란 말이요."

"아이고! 죄송합니다. 제 친구가 장난치는 줄 알았습니다."

이런 촌극도 드물 것이다. 사장은 초조한 나머지 술을 한 잔 마시다가 자정이 넘은 줄도 모르고 내게 전화를 한 것이었다. 그만큼 사건이 컸고, 사장도 적지 않은 부담을 느끼고 있었던 것이다.

다행히 기대했던 대로 특감팀을 맡은 신 부장은 배짱과 소신으로 조금도 위축되지 않고 감사 과정에서 발생한 회사 안팎의 문제를 잘 극복했다. 진상이 소상히 밝혀지고 피해 규모도 정확히 파악되었다.

하지만 또 다른 문제가 생겼다. 감사는 마쳤지만 도무지 건질 게 없었다. 오랫동안 누적된 부실이 비리를 초래한 것인 때문이었다. 누더기처럼 여기저기 돌려막기를 하다 보니 관련업체들이 주렁주렁 썩은 가지에 매달린 형국이었다.

기업의 몸체가 부실해지면 더 이상 금융기관과의 거래가 어렵다. 하는 수 없이 이름만 새로 지은 일란성 쌍둥이 업체가 같은 사업장 한 구석에서 탄생하는 것이다. 이런 일이 반복되면 같은 사업장이지만 간판만 다른 허술한 쪽방촌이 형성되게 마련이다. 사실 따지고 보면 한 몸인데, 머리가 여럿인 샴쌍둥이가 생겨난 꼴이었다.

왜 이런 이해할 수 없는 현상이 방치되고 있었던 것일까? 답은 의외로 단순했다. 지역에서 사업을 하는 사람들은 일이 틀어지면 세력가를 동원하여 구명운동(救命運動)을 했고, 기관이 이에 굴복하여 제때 조치를 취하지 못하고 추가지원을 했으니 문제는 해결되지 않고 부실만 더욱 커진 것이었다.

지역 책임자들은 자신의 재임기간 동안 사건이 터지지 않기를 바란다. 만약 사건이 터져도 은밀히 무마하는 경우가 많다. 그러다 보니 자연히 폭탄 돌리기가 되었던 것이다. 결국 비리 사건이 누적되어 내가 재임하는 동안 일이 터진 것일 뿐이었다.

그렇다고 빈손으로 털어내기도 억울하니 진퇴양난이 아닐 수 없었다. 일이 터졌으니 상대도 될 대로 되라는 심정으로 '배 째라' 고 나올 것이었다. 과연 어떻게 처리해야 할지?

모험이기는 하지만 사람의 심리를 이용하여 최대한 회사의 이익을 구하기로 마음을 먹었다. 나의 전직이 바로 투자회사의 전문경영인이 아니었던가?

내가 그 회사에 근무하는 중에 투자했던 회사가 쓰러진 일이 적지 않았다. 덕분에 부실기업 정리에 나름의 노하우를 쌓을 수 있었던 것이다.

감옥에 갈 각오를 한 채무자는 대개 부실이 노출될 무렵에 자금을 도피시키는 경우가 많았다. 출감 후를 대비하는 것이다. 그러나 살 수만 있다면 지푸라기라도 잡는 것이 사람 아니던가.

"신 부장은 특감을 진행하는 동안 그 사람을 최대한 심리적으로 압박하세요. 뒤에 숨어 있는 세력에 대해서는 조금도 염려 말고. 까불면 모두 잡아넣는다고 하세요."

그리고 해당 지점장에게는 다른 카드를 쥐어 주었다.

"그가 빼돌린 자금을 찾아내야 하는데… 쉽지 않을 거요. 우선 얼마만 준비해서 빚을 갚으면 급한 불은 끌 수 있으니 주변에서 변통해 보라고 조용히 회유를 해보세요."

특감 분위기가 팽팽하게 고조되자 처음에는 완강했던 상대도 조금씩 틈을 보이며 무너지기 시작했다. 해당 지점장도 처벌을 받아야 하기 때문에 상대방에게 살 길을 열어 주려는 감사의 의도를 읽고 그를 열심히 설득한 효과도 컸다.

만약 다음 해 사업성과가 좋아지면 한꺼번에 문제가 해결될 수도 있는 상황을 염두에 두라고 했던 것이다. 사업 자체가 그런 특성을 내포하고 있었기에 가능한 일이었다.

수산업이나 양식업 등에 종사하는 사람들은 투기적 모험을 감수한다. 자연환경과 시장의 수급상황이 맞아 떨어지면 대박이 나기두 하기 때문이다. 그러나 자칫하면 공든 탑이 하루아침에 무너질 수도 있다. '노 리스크 노 게인(No Risk, No Gain)', 위험하더라도 한몫에 벌자는 한탕주의 심리가 있는 사업인 때문이다.

나는 한 번 더 기회를 주지만 더 이상의 지원은 하지 못하도록 했다. 즉 사법처리를 늦추고 회생의 기회를 줌으로써 회사의 이익을 지키도록 하는 전략이었다.

다행히 상대방이 따라 주었고 합의된 자금도 기일 내에 변제가 되어, 연차별로 채권회수 약정을 하고 위반할 경우에는 언제라도 사법처리 대상이 되도록 했다.

사장은 처리 결과에 만족했지만 그렇다고 감사가 할 일이 끝난 것은 아니었다. 관련자들을 문책하는 일이 남았을 뿐 아니라 재발 방지를 위한 조치도 필요했다. 호미로 막을 일을 가래로 막게 한 책임은 그냥 지나칠 수가 없었던 것이다.

더구나 정치적으로 예민한 곳의 지점이라면 책임자도 배짱이 있어야 한다. 아무나 보내면 휘둘리기 십상이다. 때문에 배짱과 소신이 있고, 압력에도 굴복하지 않을 인물을 후임자로 보내도록 인사부에 지시했다.

이 사건은 나에게 시사하는 바가 많았다. 앞으로 검찰의 도움이 많이 필요하다는 사실을 절감하는 계기가 되었던 것이다.

감사는 내부 관련자에 대해서만 조치가 가능하다. 그러나 사건은 외부로부터 비롯되는 것이 많다. 외부의 범법자나 권력이 개입되면 감사 혼자서 감당하기가 힘들다. 내부에서만 해답을 찾자면 온전하게 문제를 수습하는 데 한계가 있는 것이다.

그러므로 밖으로부터 도움을 받는 것이 시급한 과제가 아닐 수 없었다. 검찰과 감사원을 우군으로 삼아야 제대로 된 비리와의 전쟁을 치를 수 있기 때문이다.

사건이 매듭지어진 지 얼마가 지나 사장이 다른 자리로 영전을 하게 되었다. 하긴 당초부터 우리 회사 사장으로는 걸맞지 않는 거물급이었던 것이다. 종종 장관 물망에도 올랐던 인사였다.

그런데 사장이 퇴임하기 며칠 전에 나를 부르더니 뜬금없이 자기 후임을 맡으면 좋겠다는 것이었다.

"김 감사, 내가 당신을 후임자로 추천했으니 보다 적극적인 활동을 하세요."

"아니, 그게 무슨 말씀이세요? 저는 아직 부임한 지 몇 달 되지도 않았는데요."

"그래도 나는 당신이 우리 회사 사장으로서 적임자라고 봅니다."

"말씀은 고맙지만 저는 감사로 왔습니다. 다른 곳으로 옮긴다면 모를까. 여기서는 모양새가 좋지 않다고 여겨지네요. 그냥 감사로 있겠습니다."

사장은 못내 아쉽다는 표정이었다. 아마 지난번 대형 사건들을 처리하는 과정을 눈여겨 본 뒤에 그런 판단을 내린 것 같았다.

솔직히 말하자면 나도 내심 솔깃하지 않을 수 없었다. 기회란 늘 오는 것이 아니기 때문이다. 더구나 국책 금융기관의 대표라는 자리가 아닌가.

그렇다고 이 문제를 두고 나를 감사로 천거했던 친구와 이야기를 나눌 수는 없었다. 또 그 친구와 상의 한마디 없이 다른 후견인에게 줄을 서기도 선뜻 마음이 내키지 않았다.

당시에는 나도 오랜 직장 생활을 하면서 나름대로 관계를 맺은 인사들이 권력 주변에 포진하고 있어 마음만 먹으면 도움을 줄 만한 배경으로 이용할 수 있었다.

'지금의 자리도 감사할 일이다. 더 이상 욕심 부리지 말자. 그런 인맥은 나 개인을 위해서가 아니라 회사의 이익을 위해 사용하는 게 옳은 일이다.'

무엇보다도 나를 추천했던 친구에 대한 도리가 아니라고 생각했다. 기껏 천거했더니 정치적 로비나 해서 출세하려는 인간으로 취급받기 싫었다. 그리고 조금이라도 그 친구에게 누가 되어서는 안 될 일이었다.

그렇지 않아도 낙하산 인사들은 정치권의 풍향에 신경을 곤두세우기 십상이다. 약삭빠른 사람들은 그런 기회를 틈타 줄서기에 나선다. 나는 과거 재계에서 밥을 먹었던 사람이다. 그래서 정치권의 내면을 정치권 언저리에서 객관적으로 볼 기회가 많았다. 어느 줄이 썩은 동아줄이고 어느 줄이 탄탄하고 영양가가 있는지 구별할 수 있는 눈을 가졌다고 자부한다. 그렇다고 해서 아무 때나 줄을 타고 올라 갈 생각은 추호도 없다. 함부로 줄을 타다 보면 낙상하기 쉬운 것도 정치판의 생리이기 때문이다.

화무십일홍(花無十日紅) 권불십년(權不十年), 열흘 가는 꽃이 없고, 십 년을 가는 권세가 없다고 하지 않던가.

미묘한 사건에 휘말린 동창생

내가 감사로 취임하고 지점들을 살펴보니 고등학교 동기생인 L이 한 곳의 지점장으로 근무하고 있다는 것을 알게 되었다.

오랜 만에 만나는 친구인지라 공식 석상에서 마주치면 어색할 듯싶었다. 그래서 내가 먼저 그 친구가 담당한 지점을 방문하는 것이 예의라고 생각했다.

지점장의 권위를 세워 주려고 나는 그 지점의 팀장들까지 오찬에 초대를 했다.

그러자 다시 그 친구가 내게 답례차 식사를 같이 하자고 했다. 그렇게 종종 만나기를 얼마 지나지 않아 그 지점의 간부가 뜻하지 않은 사단을 일으켰다. 자기가 모시고 있는 지점장을 음해하는 투서를 사정기관에 보낸 것이었다.

감사인 내게 알리지 않은 것은 내가 지점장의 친구라는 사실을 알고 있으니 해보았자 소용이 없을 테고 자칫하면 보복을 당할 수도 있으리라는 섣부른 판단 때문이었다.

나중에 검찰에서 나를 지점장 비호(庇護) 세력이라고 분류했던 것도 같은 맥락이었다. 어쨌거나 사정기관의 내사가 진행되면서 그 사건은 커다란 사회적 파장을 일으켰다.

사건의 발단은 나의 동창인 L지점장이 부실을 우려한 기업체에 추가 금융지원을 거절한 것이었다. 담당 팀장과 금융 지원을 요청한 기업의 사장은 친구 사이였고, 그 기업은 정치권의 실세와 연결되었던 것이다. 쟁쟁한 권력을 지닌 인물이 바로 그 기업체 사장의 인척이라는 말도 있었다.

금융 지원 여부를 놓고 L지점장은 회사 내의 실세로 통하는 B임원의 압력도 받았다고 한다. 하지만 지점장이 굴하지 않고 지원을 거절하자, 기업체 사장과 내부 팀장이 공모하여 보복성 투서를 보낸 것이었다.

게다가 기업체 사장은 인맥을 동원하여 또 다른 사정기관으로 하여금 L지점장의 뒷조사를 의뢰하기까지도 했다. 권력의 힘을 빌려 개인사찰을 시킨 셈이었다.

급기야는 그 친구가 뇌물을 받았다는 혐의로 구속되기에 이르렀다.

"감사님, 검찰청으로부터 L지점장 사건의 참고인으로 출두하라는 연락이 왔습니다. 혹시 모르니 저희들이 검찰 쪽에 부탁을 해놓겠습니다."

"출두하면 되지 무슨 부탁을 하나? 걱정하지 말게."

나는 잔뜩 긴장을 한 채 보고하는 비서실장을 안심시켰다.

이튿날 아침, 시간을 맞춰 검찰청에 가니 수사관이 조용한 방으로 안내를 했다. 그런데 한참을 기다려도 아무도 찾는 사람이 없었다.

'아마 다른 일로 바쁜 모양이로군. 곧 오겠지.'

혼자서 아무 것도 하지 않고 앉아 있으려니 답답하기도 하고 목도 말랐다.

'참고인이라고 불러놓고 피의자처럼 심리적 압박을 하려는 것일까? 수사기법의 하나가 바로 초조하게 만드는 거라던데……'

이런저런 생각을 하다가 지쳐 은근히 부아가 날 즈음 수사관이 찾아왔다.

"죄송합니다. 지금 검사님이 다른 피의자를 심문하느라고 바빠서 그럽니다. 조금만 더 기다리시면 됩니다."

그리고 수사관은 내게 종이와 볼펜을 주며 말했다.

"시간을 절약하기 위해서 미리 그 사건에 대해 아는 대로 진술을 해주시면 좋겠습니다."

나는 감사의 견해를 묻는 것이리라 짐작하고 사건의 본말을 소상히 적었다. 진술서를 작성하고 나자 점심때가 되었다.

다시 예의 수사관이 들어왔다.

"정말 죄송합니다. 모시고 나가서 점심식사를 대접해야 하는데… 어쩌지요? 저희들도 식사를 배달해서 먹어야 할 것 같습니다."

"나는 괜찮습니다. 이미 진술서를 작성했으니 그만 회사에 가봐야 하겠습니다."

"기왕 기다리셨는데 조금만 더 기다리시지요. 식사 후에 가능한 한 빨리 검사님을 뵙도록 하겠습니다. 기다리시는 동안 혹시 빠진 것이 없는지 다시 한 번 더 진술서를 검토해주시면 고맙겠습니다."

연신 미안하다고 하면서 정중한 태도로 기다려 달라는데 어쩌겠는가? 그들이 시켜준 곰탕 한 그릇을 마주 대하고 보니 내 처지가 한심했고 정말 처량한 기분이 들었다.

언론에 나오는 참고인이나 증인들이 아마 이런 절차를 겪었을 것이었다. 그런데 내가 직접 겪고 보니 텔레비전에서 그 같은 보도가 나오면 그때의 내 모습이 떠오른다.

얼마나 지났을까? 드디어 수사관이 나를 데리러 왔다. 대기실을 나와 복도를 따라 내려가는데 죄수복을 입고 양팔을 교도관에게 잡힌 채 끌려가는 동창과 마주쳤다.

"자네에게 누를 끼쳐 면목이 없네."

"아니 그게 무슨 소린가? 어쨌거나 자중자애하고 건강하게."

나는 더 이상 말을 잇지 못했다. 그리고 속에서 치미는 분노를 참아야 하는 내 자신이 부끄러웠다.

게다가 수사관을 마주하고 앉자 더더욱 심기가 불편해졌다.

"감사님은 L지점장과 고등학교 동기생이지요?"

"그렇소만……."

"때문에 L지점장 비호세력이라고 분류될 수 있습니다. L지점장과 두 번이나 만났다면서요?"

"아니오, 세 번 만났습니다."

두 번이 아니라 세 번이라니? 보통의 경우라면 만났다는 사실을 숨기려 애쓸 텐데 오히려 횟수를 보태서 말하니 수사관도 약간 당황한 듯했다.

사실 이런 쓸데없는 문답이 필요 없을 것이었다. 이미 내가 쓴 진술서에 자세히 적혀 있기 때문이다.

내가 하는 말을 그가 타이핑하는 동안 방금 전에 봤던 친구 모습이 자꾸 떠올랐다.

한 사람은 검찰에 붙잡혀 가고, 다른 한 사람은 참고인으로 출두하여 조사를 받고 있으니… 이 무슨 기구한 꼬락서니란 말인가? 게다가 감사로서 친구와 관련된 사건에 의견을 진술해야 한다니.

"감사실에서 얼마 전 그 지점에 대해 감사한 사실이 있나요?"

"감사가 아니라 조사를 한 겁니다."

"무엇을 조사했습니까?"

"누가 엉뚱한 투서를 했으며 원칙에 어긋나는 청탁을 한 사실이 있었는지 알아보았지요."

"어떤 결론이 났나요?"

"투서 내용을 확인할 수는 없었고 사건이 많이 왜곡되었다는 심증만 갖게 되었습니다."

"앞으로 어떻게 하실 계획인가요?"

"내부 감사는 검찰 조사가 끝날 때까지 미루는 수밖에 없지 않겠습니까? 결과가 나오면 그에 따라 결정해야 할 것이고요."

이렇게 나의 참고인 심문은 끝났다.

그 후 검찰은 L지점장의 수뢰사건으로 단정하고 그가 근무했던 여러 지점에서의 행적을 추적 조사했다. 거래업체 중에 선물이라도 했던 기업인들은 모두 수사 대상이 되었다.

기업인들은 세무조사를 가장 무서워한다. 탈세를 해서라기보다는 영업에 막대한 지장이 있을 뿐 아니라 세무조사 자체가 곧 신용도 추락의 단초가 되기 때문이다. 그래서 검찰 수사가 세무조사로 연결될까 전전긍긍하는 것이다.

어쨌든 나는 감사로서 그 사건에서 자유로울 수는 없었다. 누구라도 억울한 일이 있다면 감사가 풀어야 할 책임이 있기 때문이다.

거래업체로부터 샘플이나 선물을 받는 것은 어느 정도 관행이라고 치부할 것이다. 하지만 막상 문제가 될 경우에는 평소에 별 신경 쓸 대상이 아닌 것도 도마 위에 오를 수가 있다. 비록 받은 선물을 직원들에게 나눠 주더라도 결국 지점장 책임이 될 수 있는 것이다.

세월이 흘러 그 친구는 석방되었지만 나는 그를 볼 면목이 없었다. 그러나 오히려 그 친구는 자기 때문에 내가 괴롭힘을 당했다며 미안해했다.

되돌아보면 참으로 허망한 일이다. 공수래공수거(空手來空手去), 모두가 빈손으로 왔다가 빈손으로 가는 허망한 삶인 것을 사람들은 모르고 산다.

살아 있는 권력이라고 대단한 것이 아니다. 권력처럼 허망한 것도 없다. 권력의 그늘이 사라질 때면 으레 무슨 게이트가 등장하곤 하지 않는가.

내 동창을 핍박했던 그들 역시 또 다른 사건으로 옥살이를 했다. 그 사건과 관련된 내부 인사들도 결국 오래지 않아 직장을 떠났다.

세상살이가 일장춘몽(一場春夢)과 다를 바 없는데 우리는 그렇게 아옹다옹하며 살고 있는 것이다.

토착 비리에 주목하다

금융이 집행되는 창구는 영업점이다. 지역별로 관할지점에서 업무가 이뤄지는 것이다. 지점장을 비롯하여 직원들은 인사이동으로 바뀌지만, 그 지역 소재의 기업은 옮기지 않으니 계속 한 지점과 거래하게 마련이다.

그런데 지역별로 특이한 현상이 나타났다. 부실금융이나 사건사고가 유독 빈번히 일어나는 곳이 있었던 것이다. 지점장이 바뀌어도 같은 현상이 나타나는 것은 사람이 아니라 그 지역에 문제가 있다는 것이었다.

듣자하니 어느 지역은 지점장이 새로 부임하면 기업체 회장이라는 사람이 어깨가 떡 벌어진 보디가드들을 데리고 인사를 온다는 것이었다. 지점장 부임 초에 기를 죽이려는 속셈이 뻔했다. 회장이라는 이는 유명한 깡패 조직 출신이라는 소문도 있었다.

옛날부터 지방 토호들의 발호가 얼마나 많은 폐단을 낳았던가? 더욱이 깡패라도 합법적으로 기업을 경영하면 유지가 될 수 있는 세상 아닌가.

사정이 이러한 즉 여간한 담력을 지닌 지점장이 아니라면 그런 작자들을 상대하기 어려울 것이었다. 그리고 자칫하면 코를 꿰어 업무 수행에 지장을 받기 십상이었다.

지역 여건을 무시하고 내부 직원들만 닦달한다고 해결될 일이 아니고, 본사는 직접적인 관련이 없다고 적당히 넘어갈 일도 아니라는 생각이 들었다.

나는 그 지점으로 출장을 가서 경찰서 수사과장부터 만났다. 수사과장이야말로 누구보다 그 지역 사정을 잘 아는 위치인 터라 상대에 대해 소상히 파악하고 있을 것인데다가, 본사도 그 같은 행태를 더 이상 묵과할 수 없다는 뜻을 알리기 위해서였다.

지점장이 동석한 자리에서 수사과장에게 신신당부를 했다.

"앞으로 이런 일이 다시는 발생하지 않도록 각별히 신경을 써 주시기 바랍니다. 만약 제 말이 지켜지지 않을 때는 검찰에 알리겠습니다."

검찰에서 손을 대면 관할지역의 경찰 체면이 구길 것은 분명했다. 그러니 수사과장 선에서 문제를 일으키지 않도록 제대로 단속해달라는 뜻이었다.

어깨들을 데리고 와서 사무실에서 시위하는 것 정도는 범법이라고 할 수는 없다. 그럼에도 그 같은 행동을 하는 이유는 뻔했다.

심리적 압박을 주자는 것이다. 법은 멀고 주먹은 가까운 것 아닌가. 힘없는 금융기관 직원들에게 그들의 시위는 적지 않은 위협이 아닐 수 없는 것이다.

수사과장에게 자초지종을 설명한 이유도 범죄 예방 차원에서였다. 다행히 그 후 겉으로나마 유치한 주먹 시위는 더 이상 하지 않는다고 했다.

그러나 나는 조폭들의 존재가 회사에 적지 않은 위협이 된다는 사실에 주목하지 않을 수 없었다. 으레 그들 뒤에는 정치권력이 도사리고 있기 때문이다. 악어와 악어새 같은 조폭과 정치권의 관계는 역사가 오랜 우리 사회의 고질병 아닌가.

지방의 토착 비리는 지점장을 교체해도 좀처럼 뿌리를 뽑기가 어려웠다. 비리의 원인이 내부가 아닌 외부에서 비롯되었기 때문이다. 더구나 권력이 비호하는 경우에는 내부 직원마저 흔들릴 가능성도 높았다. 따라서 또 다른 공생관계가 성립될 소지가 있었던 것이다.

어느 날, 지점별 금융실적을 검토하다가 묘한 케이스를 발견했다. 금융지원 실적이 두드러진 지점이었다. 그런데 그 지역에도 유명한 조폭이 있었다. 내가 출장을 가서 지역 경찰의 수사과장을 만난 지점과 조건은 비슷한데 결과는 전혀 반대이니 이상한 일이었다.

우선 일반감사 대상에 그 지점을 넣었다. 그런데 감사 결과에도 별다른 특이사항이 나타나지 않았다. 그럼에도 불구하고 느낌이 아무래도 좋지 않았다. 분명 무언가 있으리라는 거의 확신과도 같은 느낌이 든 것이다.

"뭔가 놓친 게 있을 거예요. 이번에는 특감팀을 내려 보내세요."

"글쎄요, 일반감사를 하고 특별한 문제도 없는데 특감을 보낸다면 이상하게 생각하지 않을까요? 외부의 눈도 그렇고……."

감사실장은 난색을 보였다.

"아닙니다. 특감을 해야 할 것 같은 예감이 들어서 그러니 내 말을 따라 주세요. 구실은 적당히 만들고."

감사실장도 내내 고집할 처지가 아닌지라 헛일 하는 셈치고 특감팀을 보냈다. 그런데 역시 이번에도 별다른 문제를 발견할 수 없었다.

'내가 잘못 짚은 것일까? 아냐, 틀림없이 뭔가 있어.'

나는 다시 한 번 특감을 보내기로 했다. 이번이 마지막이라는 단서를 달고.

아마 감사실장은 내가 왜 그토록 집착하는지 의문이 들었을 것이다. 하지만 도저히 설명할 수는 없기에 그냥 밀어붙이기로 했다.

나는 믿을 만한 부장을 팀장으로 지목하고 내밀하게 감사 방법을 바꾸도록 지시했다.

우선 감사 시기를 정하지 않고 불시에 하도록 했다. 팀원들은 아무도 모르게 은밀하게 내려가라고 했다. 그리고 감사 방법도 바꿔 수사기관처럼 탐문조사부터 하고 나서 본감사에 들어가도록 했다.

다시 특감팀을 보내고 나서 초조하게 기다리던 중 드디어 팀장으로부터 연락이 왔다.

"감사님, 이 지점과 거래업체 몇 군데를 돌며 이야기를 들으니 확실히 문제가 있는 것 같습니다. 내부 직원이 자기 친척과 공모해서 거액의 금융지원을 받았다는 소문이 돕니다."

"그 업체가 어딘지 알아보고 집중적으로 감사를 하세요."

드디어 꼬리가 잡힌 것이다. 밖에서부터 정보를 얻어 진상을 파악하고 관련업체를 집중적으로 조사하니 사건의 전모가 밝혀지기 시작했다. 비리와 관련된 직원이 자원해서 그 지점으로 부임한 것도 모두 계획적이었던 것이다.

문제의 기업은 대부분의 자금을 해외로 빼돌려 이른바 돈세탁을 하고, 그 자금을 금융지원 대상이 아닌 업종에 사용한 것이었다.

연관성을 입증하려면 우리 감사 능력으로는 어림도 없었다. 하는 수 없이 검찰의 도움을 받기로 했다. 마침 대학 친구가 그 지역 검사장이어서 그의 협조를 받아 관할 지청장을 만났다.

그런데 지청장 역시 친구의 친구였다. 한 다리만 건너면 친구라더니 맞는 말이었다. 나도 떡 본 김에 제사 지낸다고 지청장에게 다른 관할 지점장들을 소개했다. 지점장들을 괴롭히는 토착 세력을 견제하기 위해서였다.

실제로 현지 지점장을 압박하는 토착세력들이 적지 않았는데, 검찰 지도부와 알고 지내는 사이라는 소문이 나자 그들은 슬그머니 꼬리를 내렸다.

어쨌거나 그 지점 비리의 주모자는 거물급 조폭이었기에 나는 지청장을 다시 만났다.

"상대가 거물급 조폭이라는데… 혹시 권력을 등에 업고 검찰을 압박하지 않을까요?"

"걱정하지 마세요. 제가 이미 회계사 출신 검사에게 지원을 요청해 놓았습니다. 해외 거래 관계를 추적해서 자금이 유용된 증거를 찾자면 시간이 좀 걸리기는 할 겁니다. 여하튼 무슨 일이 있더라도 끝장을 낼 테니 염려하지 마십시오."

그의 결의에 찬 표정을 보니 믿음직하여 나는 가벼운 마음으로 올라올 수 있었다.

그는 정말 끈질기게 수사를 진행했고 적지 않은 시간이 흘렀지만 사건의 전모를 밝혀내어 관련자를 구속 기소하는 것으로 사건을 마무리 했다. 힘깨나 쓰는 권력의 비호가 있을 법도 한데 용케 잘 견뎌내면서.

우리는 그 후 다른 곳에서 우연히 재회한 적이 있다. 당시의 정황을 고려하면 그를 너무 괴롭힌 셈이었기에 나는 깊은 감사를 표했다.

"그때는 정말 감사했습니다. 톡톡히 신세를 졌는데 인사도 제대로 못 드리고……."

"무슨 말씀을! 당연히 할 일을 한 건데요."

그는 당당했다. 그리고 후회도 없다고 했다. 모든 법조인이 그처럼 사명감과 책임감을 가졌다면 이 땅에 부정과 비리가 발을 붙이지 못할 텐데.

검찰에 수사를 의뢰한 뒤에는 내부 감사도 속도가 붙었다. 이제는 감사 결과에 따라 내부 직원들에 대해 문책을 해야 할 차례였다. 전임 지점장들 중에 책임을 면키 어려운 경우도 새로이 드러났다. 힘 있는 상대만 믿었다가 코가 꿰인 경우였다.

"감사님, 그 사건에 대해 무슨 구체적인 정보가 있었습니까?"

감사실장은 누가 혹시 투서라도 했는지 궁금한 모양이었다. 아무런 징후도 없는데 여러 번 특감을 내려 보낸 것은 틀림없이 무슨 정보를 입수했기에 그랬으리라고 생각한 것이다.

그러나 나는 사실 정권 교체 후에 그 지점의 금융 실적이 크게 증가했다는 사실에 의문을 품은 것뿐이었다. 그리고 집요하다 싶을 정도로 조사를 한 것이고.

기업 활동이 갑자기 나아지는 법은 없다. 무엇인가 작용한 이유가 있을 터였다. 그리고 나쁜 소문은 경쟁업체들이 더 빨리 안다.

만약 사무실에서 서류만 뒤졌더라면 끝내 아무 것도 잡아내지 못했을 것이다. 규정 위반만 따지는 식의 감사만으로는 감춰진 비리를 밝혀내기가 쉽지 않다는 교훈을 얻은 사건이기도 했다.

"감사님 죄송합니다. 제가 너무 경솔했던 모양입니다. 여러 번 감사를 하고도 몰랐으니 면목이 없습니다."

감사실장은 자기 탓이라며 미안해 했다. 그러나 그 동안의 감사 관행이 그랬던 것이 문제이지 누구를 탓하겠는가?

명절의 암행감찰

추석이 돌아오자 암행감찰이 각 지점을 돌았다. 정부가 주무부처별로 보낸 암행감찰이었다. 하지만 아무리 그렇다고 해도 전국에 퍼져 있는 지점 모두를 갈 수는 없는 일. 불특정 지역을 대상으로 감찰반이 불시에 들이닥치는 수밖에 없었다.

명절이라고 거래업체들이 선물 보따리를 사무실에 놓고 가는 것을 보고 현장을 적발하는 경우가 많았다. 그러다 보니 어떤 업체들은 지점 사무실 근처에 있는 상점에 선물을 두고 퇴근하면서 찾아 가라고 하기도 했다. 그러나 그런 수법도 이미 알려져 있어 대부분 적발되었다.

명절이 지난 후 주무부처 감찰에 적발되면 우리 감사실로 이첩되었다. 적발된 이상 문책을 하지 않을 수가 없었다.

명절 선물이 대단한 것도 아닌데 굳이 감찰까지 하느냐고 생각할지 모른다. 나도 처음에는 그렇게 생각했으니 말이다. 또한 선물을 받은 것을 트집 잡는다면 나도 결코 깨끗하다고 할 수 있는 처지도 아니었다.

회사 직원 중에는 이런저런 인연을 내세워 집으로 찾아오는 이들이 있었다. 사회 통념상 남의 집을 방문할 때 빈손으로 오는 사람은 없다. 그리고 선물을 거절하려면 값이 비싼 뇌물성이라야 한다. 게다가 집까지 찾아 온 사람을 내쫓기도 어려웠다. 결국 나름의 판단으로 결국 적당한 선물은 문제 삼지 않았던 것이다.

내 사정이 이러한데 직원들한테는 음료수 한 통도 엄격하게 금하려니 양심에 가책이 들지 않을 수 없었다. 그렇다고 어느 선까지는 허용한다고 할 수도 없었다. 대체 무엇을 기준으로 선을 정한단 말인가.

이처럼 오랜 관행처럼 굳어진 선물이 오가는 현실을 개선하기란 여간 어려운 일이 아니었다.

그러나 어쩌랴. 정부 시책이 그런 것을! 만약 이를 방치하면 부정과 비리가 판을 치게 되는 때문이리라. 그나마 조심이라도 하는 것이다.

직원들이 암행감찰에 적발되면 회사 명예가 훼손되게 마련이었다. 마치 뇌물성 선물을 상습적으로 받는 기관으로 취급되는 것이다. 그래서 자체적으로도 단속하지 않을 수는 없었다. 대수롭지 않은 것 같지만 감사로 있는 동안 가장 난처하고 갈등이 컸던 문제가 바로 명절 때 기업들이 전하는 선물 보따리에 대한 암행감찰이었다.

익명의 투서라도 확인이 필요하다

일반적으로 투서(投書)는 진정이나 고발, 정보 제공과는 달리 취급된다. 익명의 투서를 인정하다 보면 음해와 중상모략이 난무하기 때문이다.

그러나 투서를 음해의 수단으로만 볼 수 있을까? 때로는 피치 못해서 익명으로라도 부정과 비리를 고발하고픈 의도가 숨어 있을 수 있는 때문이다.

어느 날, 내 앞으로 투서 한 장이 날아들었다. 산하 기관의 직원에게 부정한 일을 시키는 모 부서의 직원을 처벌해달라는 내용이었다.

나는 담당 부서장을 불러 조용히 내사를 하도록 했다. 익명의 투서는 처리할 필요가 없었지만 사실 여부는 따져 보고 싶었던 것이다.

며칠 후, 부서장은 투서자를 알아냈다면서 자초지종을 보고했다. 내용인 즉 투서는 사실과 다른 오해가 있었다는 것이었다. 따라서 허위 사실을 근거로 음해한 잘못을 인정하고 투서자는 사직서를 낸 후 출근을 하지 않는다고 했다.

나는 일방적인 보고만 받아서는 안 될 것이라는 생각이 들었다. 그 직원의 소속회사 사장을 불러 다시 확인을 했다.

"죄송합니다. 제 회사 직원이 오해를 하고 투서를 해서… 괜한 심려를 끼쳐 드렸군요."

사장은 백배 사죄를 했지만 그대로 넘어가기에는 무언가 미흡하다는 느낌이 들었다. 아무리 일반 직원 간의 오해와 갈등이 빚은 사건이라 하더라도 사표까지 쓸 정도로 가혹한 처분을 해야 했는지 의문이 든 것이다.

나는 투서를 한 장본인을 조용히 불렀다.

"지금 외환위기로 여차하면 직장에서 쫓겨나는 판인데… 그리 쉽게 회사를 그만두다니. 자네는 부양할 가족이 없나?"

"아닙니다. 가족이 있습니다."

"그런데 가장이라는 사람이 무책임하게 사직을 할 셈인가?"

"제가 사정을 잘 모르고 다른 직원을 모함했으니 책임을 져야 하지 않겠습니까?"

알고 보니 얼마 전에 그만 둔 직장 동료가 사직하면서 평소 갈등이 있는 감독자에게 누명을 씌웠는데 그 말을 곧이곧대로 들은 것이 투서의 배경이었다. 다만 실명으로 하면 자기 입장이 곤란할 것 같아 익명 투서를 하게 되었다는 것이다. 그리고 진실이 밝혀지자 떳떳하지 못한 처신을 했다고 자책하고 사직으로 사죄하겠다는 것이었다.

"사직한다는 쓸데없는 소리만 하지 말고 다시 출근하도록 하게. 그리고 내가 응분의 처벌을 하도록 할 테니 그리 알게. 실수를 했으면 그에 상응하는 처벌을 받으면 되지. 가족을 부양해야 하는 가장은 함부로 사표를 내는 것이 아니야."

나는 그의 잘못을 질책하면서도 직장에 복귀할 수 있도록 따뜻하게 타일렀다. 그리고 다시 관련 부서장과 그 직원의 사장을 불러 당부를 했다. 절대로 사직을 권고하거나 사표를 받지 않도록 한 것이다.

익명으로 투서를 하긴 했으나 사적인 감정이 개입된 것은 아니라는 점을 강조했다. 비록 오해였지만 동료가 부당하게 퇴직하게 되었다는 정의감의 발로였다. 충분히 정상 참작의 여지가 있으니 적절히 징계하는 것으로 매듭을 짓도록 했다.

그런데 그 직원과의 인연은 그 때만으로 끝나지 않았다. 내가 그 기관의 감사를 퇴임한 후 거의 십 년이 지났을 즈음 예전의 신우회 회원들이 느닷없이 나를 성탄절 모임에 초대했다.

전혀 뜻밖이었지만 오랜 세월이 지났음에도 잊지 않고 불러주어 고마운 마음으로 참석했다. 그런데 누가 다가와 공손하게 인사를 하는 것이었다.

"감사님, 저를 기억하시겠어요?"

수줍게 웃으면서 인사하는 그 직원을 보자 예전 일이 주마등처럼 뇌리를 스쳤다. 바로 그 투서의 주인공이었다. 아직도 그 직장에서 근무하고 있었던 것이다.

내 작은 마음씀씀이가 한 사람에게 용기와 희망을 주고 가정의 평화를 지켰다는 생각이 들자 온통 세상이 은혜로운 듯했다. 참으로 즐거운 크리스마스 이브였다.

나부터 특전을 버려야

상임감사는 회사에 한 명뿐이다. 그래서 혼자 일하다 보면 외롭기도 하거니와 외부의 정보에 어두울 수밖에 없다. 때로는 다른 회사의 감사는 어떤 일을 하는지 알고 싶기도 하다.

그런 사정 때문에 감사들의 모임인 협의회가 생겼다. 감사들끼리 모여 회의도 하고 친교를 쌓기 위함이다. 협의회 행사의 하나로 단체로 해외 감사기관을 돌아보는 일이 있는데, 일정이 대부분 관광 위주로 짜여 있어 세간의 구설수에 오르곤 했다.

내게도 매번 회의에 참석하고 해외출장을 가자는 통보가 왔다. 그러나 나는 그럴 때마다 고사를 했다.

이유는 간단하다. 다른 감사들과의 교류가 자칫 부담이 되기 때문이었다. 그렇게 안면을 익혀 청탁을 하면 받는 사람은 여간 부담스러운 것이 아니다. 게다가 자기는 혼자만 청탁을 했다고 하더라도 받는 입장에서 여기저기로부터 청탁을 받을 수 있으니 무척이나 성가실 것이었다.

나는 그들과의 친교로 인해 자칫 청탁이 늘어날까 우려한 것이고, 또 해외 감사기관을 돌아본다고 업무에 큰 도움이 될 것 같지도 않았다. 출장비를 받아 해외관광이나 한다는 비판을 받아도 솔직히 할 말이 없는 것이다. 그리고 무엇보다도 나 자신이 해외관광 자체에 호기심이나 매력을 느끼지 못한 까닭이다.

예전에 미국 대학원에서 공부할 기회가 있었다. 공부를 하면서도 휴일이나 방학이 되면 이곳저곳으로 여행을 다녔다. 젊은 기분에 넓은 세상, 이국적인 문화를 만끽하고 싶었던 것이다.

물론 처음에는 모든 것이 신기했지만 나중에는 시들해졌다. 결국 사람 사는 곳은 크게 다르지 않다는 결론에 이르렀기 때문이다. 그 후로는 해외여행을 하고 싶은 생각이 거의 없어졌다고 해도 과언이 아니다.

그런데 이번에는 감사 업무가 아닌 회사 업무로 해외출장 기회가 생겼다. 다른 임원이 가면 될 터인데 사장은 나를 보내기로 한 것이다.

"감사님이 이번 출장을 가도록 하세요."

"사양하겠습니다. 제가 꼭 가야할 일도 아니지 않습니까? 사장님이나 담당 임원이 가도록 하시지요."

내가 거절하자 사장이 웃으며 말했다.

"그래요? 알겠습니다. 어쨌든 제가 감사님 해외출장 보내 드린 겁니다. 하하ー!"

당시는 해외출장이 마치 특전처럼 여겨지던 때였으니 이런 말을 할 수 있었으리라. 하지만 결국 감사들이 단체로 해외출장을 다녀온 것이 언론에 알려져 곤욕을 치렀다. 출장비를 일부 환수하기도 하고 업무보다는 관광 위주였다고 비난의 대상이 되었던 것이다.

관행처럼 지나칠 일도 여론의 도마 위에 오르면 문제가 되는 것이다. 만약 그때 나도 그 일행을 따라 갔더라면 함께 망신을 당했을 게 아닌가? 과전불납리 이하부정관(瓜田不納履 李下不整冠), 오이밭에서 신발을 고쳐 신지 말고, 오얏나무 아래서 갓을 고쳐 쓰지 말라고 했다. 오해를 받을 소지가 있는 일은 애초에 하지 말라는 것이다.

내가 해외 출장을 기피한 이유가 또 하나 있다. 나부터 앞장서서 쓸데없거나 불요불급한 비용의 발생을 자제하자는 뜻이었다.

나는 멋대로 하면서 집행부를 감독할 수는 없는 일이다. 물론 감사의 권한으로 문제점을 지적하고 개선할 수는 있다. 그러나 본인이 솔선수범하지 않으면 신뢰를 얻지 못한다. 그렇게 되면 뭐 묻은 개가 뭐 묻은 개 나무라는 식이 되어 집행이 어렵기 때문이다.

"감사님, 자동차를 바꿔 달라고 할까요?"

"아직 내구연한도 있고 타는 데도 지장이 없잖아요?"

"그래도 전임 감사님이 타시던 거고 구형이라서요."

감사실장은 신임 감사인 내가 새 차를 타도록 하고 싶었던 모양이었다. 우연인지는 몰라도 나뿐 아니라 내 임기 3년 동안 재직한 두 분의 사장 역시 차를 바꾸지 않았다.

다른 회사의 경우를 보면, 전임자가 타던 차를 이어 타려는 사람이 별로 없었다. 특히 자동차는 우리 사회에서 신분의 상징으로 통하기에 더더욱 그러하다.

그러나 사람들이 자동차로 나를 평가하는 것은 자존심 상하는 일이다. 사람이 아니라 자동차를 대접하는 그릇된 풍토는 하루빨리 없어져야 할 것이다.

나는 전에 근무하던 회사에서는 일부러 직위에 비해 한 등급 낮은 차를 타고 다녔다. 아래 간부들이 더 고급스런 사양의 차를 타면서 불편해 했지만 괘념치 말라고 했다.

직위에 따라 나오는 자동차는 아무튼 대형 승용차가 아닌가? 무리하게 욕심을 부린다고 해서 인격이나 명예가 더 올라가는 것도 아니다. 게다가 자기가 비용을 낸다면 절약을 할 터인데 회사에서 부담한다고 펑펑 쓰는 것도 문제다. 어차피 자동차란 목적지까지 가기만 하면 되는 것을.

나는 은퇴 후에는 경차를 타리라 마음을 먹었다. 직장 생활 중에는 한 번도 타보지 못했으니 은퇴 후에는 꼭 타보고 싶었던 것이다. 그래서 은퇴한 지금 나는 애마 마티즈와 6년째 만족한 관계를 유지하고 있다.

어느 날 내가 근무했던 회사의 현직 감사 한 분이 나에 대한 직원들의 이야기를 듣고 호기심 때문인지 내가 사는 시골구석에까지 찾아 온 일이 있다. 어떻게 하면 감사직을 잘 수행할 수 있는지 묻기 위해서였다.

그런데 그 분의 자동차를 보니 최신형 최고급 세단이었다. 나는 말로 설명하기 어렵다고 얼버무렸다. 작은 것을 보면 큰 것도 알 수 있다고 그에게는 어떤 조언도 무의미하다는 생각이 들었던 것이다.

물론 나처럼 하는 것이 반드시 정답은 아닐 것이다. 시대에 뒤떨어진 고리타분한 생각일 수도 있다. 또 나와는 전혀 다른 방식과 스타일로도 훌륭하게 감사 업무를 할 수도 있을 것이다.

그러나 감사는 자기희생이 없으면 감독과 견제에 권위를 세우기 어렵다. 자동차만이 아니라 컴퓨터나 다른 집기도 마찬가지다.

특별한 경우를 제외하고 컴퓨터는 담당 직원들이 최신형을 쓰는 것이 합리적이다. 사장이나 감사가 굳이 컴퓨터를 최신형으로 바꿀 이유가 없지 않은가.

그런데 대개는 고위직이 더 고가의 컴퓨터를 사용해야 하는 것으로 알고 있다. 최소한 직원들보다 못한 컴퓨터를 놓기가 미안해서라도 바꾸려고 하는 것이다. 모두 허례허식일 뿐이다.

그나마 집기는 처음에 돈이 들긴 하지만 사람들을 괴롭히지는 않는다. 하지만 부하 직원을 개인적인 일에까지 동원하는 것은 참으로 문제라 할 수 있다.

회사 임원급 차에는 대개 운전기사가 딸려 있다. 그런데 주말이 되면 운전기사들은 상사의 스케줄에 신경을 쓴다. 모시는 상사의 골프 약속이 있느냐에 따라 자기 주말의 사생활이 영향을 받기 때문이다.

주위에 내가 알고 있는 어떤 회사의 사장은 아예 회사의 운전기사를 자기 집 머슴처럼 부리는 경우도 있었다. 그러다 보니 사장의 가족들까지 기사를 마구 부려먹는다. 공공기관에서야 말도 안 되는 일이지만 과거 민간 기업에서는 흔히 있는 사례였다.

이런 이들은 도무지 관념도 없고 배려도 없는 사람이다. 운전기사는 회사의 사람이지 개인의 머슴이 아니다. 게다가 휴일에마저 오라 가라 한다면 개인은 물론 가족의 삶이 어떻게 되겠는가?

나는 공식적인 행사가 아니면 휴일에는 운전기사를 쉬도록 했다. 각자의 가정에 충실해야 직장 생활도 건실하다. 그러면 기사도 무사고 운전으로 보답한다.

때문인지 직장 생활 중에 내 차의 운전기사는 한 번도 사고를 낸 적이 없었다. 그리고 나도 주말이면 직접 운전을 하니 은퇴 후에도 생활에 전혀 지장이 없다.

잠그지 않은 수도꼭지의 의미

공장의 생산성과 품질 관리는 어떻게 알아볼 수 있는가? 통계적 방법으로는 공장의 정신적·질적 수준을 평가하기 어렵다.

예전에 투자회사에 근무하면서 배운 것 중의 하나가 회사 기강을 판단하는 눈이었다. 별로 특별한 것도 아니다. 만약 그 회사가 제조사라면 불시에 공장에 들어가 공구함을 슬쩍 살펴보는 것이다. 그러면 생산직 직원들의 정신상태를 알 수 있고 나아가 회사의 기강을 파악할 수 있다.

공구는 전쟁터의 무기에 해당한다. 군인이 총을 소중히 관리하듯, 공구가 제대로 정리되고 목록과 일치하면 생산성은 높게 마련이다.

화장실과 직원식당 또한 관찰대상이 될 수 있다. 화장실이 깨끗하고, 식당과 주방이 청결하면 회사의 기강이 살아 있다고 할 수 있다. 화장실이나 식당, 주방은 관심의 사각지대이다. 그런데 그곳에까지 관심을 두고 관리하는 회사라면 투자 받을 자격이 있다고 보는 것이다.

감사로 부임한 지 얼마가 지나서였다. 화장실에 갔다가 수도꼭지가 열려 있는 것을 발견했다. 누가 손을 씻고 수도꼭지 잠그는 것을 잊은 것이다.

나는 혹시나 해서 아래층부터 차례로 수도꼭지를 점검하며 위층까지 올라가 보았다. 우연이겠지만 또 다른 한 층에서 누수가 보였다.

내친 김에 맨 위층까지 올라가 보았다. 그곳에는 서류 등을 보관하는 창고가 있었다. 누가 화장실을 쓸 일은 없을 테고… 올라간 김에 창고 상태를 둘러보았다. 오랜 서류들이 먼지를 뒤집어쓰고 방치된 상태였다. 업무와 상관없다고 생각하여 누구도 와 보지 않은 탓이었다. 기관장이 여러 번 바뀌는 동안에도 서류창고에는 전혀 손대지 않은 것이다.

물론 당장 청소하는 데 드는 비용이 발생할 것이고, 특별히 얻는 것도 없이 귀찮기만 한 일이기도 했다. 당연히 우선순위에서 밀리다 보니 먼지만 수북이 쌓인 것이다. 그러나 언젠가는 반드시 해야 할 일이었다.

즉시 담당 부서에 지시하여 대대적인 청소를 하고 정리를 하도록 했다. 수도꼭지가 창고의 청소와 정리를 시킨 셈이다. 비록 평소에는 외면했던 먼지 구덩이의 창고였지만 깨끗하게 치우고 나면 생각이 달라진다.

과연 몇 년 후 성탄절에 신우회가 나를 초대하여 모임을 가진 곳이 바로 그 창고였다. 말끔히 단장한 멋진 공간으로 탈바꿈한 모습이었다.

사소한 일 같지만 회사 사무실 어디에도 사각지대가 있으면 탈이 난다. 사무실만 사각지대가 생기는 것이 아니라 업무에도 같은 현상이 벌어지는 것이다.

음침한 곳에서 지내다 보면 생각도 음침해지는 법이다. 직원들의 기강은 밝고 깨끗한 환경에서 바로 선다.

수도꼭지 하나를 가볍게 여기면 어디선가 회사의 경비도 새게 된다. 목욕탕에서 남의 물이라고 수도꼭지를 열어 놓고 목욕을 하는 사람은 분명히 회사의 비품이나 비용도 아낄 줄 모르는 사람임에 틀림없을 것이다.

천 리 길도 한 걸음부터라고 하지 않던가. 작은 것을 아껴야 큰 것을 얻을 수 있고, 일에 빈틈도 생기지 않는 법이다.

감사요원은 선발부터 공정하게

일반적으로 감사실은 막강한 권한이 있는 부서로 알려져 있다. 권한이 막강할수록 선망의 대상이 된다. 그러나 감사실에 근무하려면 업무에 대해서 해박한 것은 물론 공정한 성격의 소유자라야만 한다.

감사실의 독립성이 존중되다 보니 어떤 경로로 감사요원을 뽑느냐가 관건이었다. 특히 감사실장은 매우 중요한 역할을 하기 때문에 인선에 신중을 기해야 했다.

감사는 나처럼 대개 낙하산으로 취임한 외부인사이므로 당연히 내부 사정을 상세히 파악하기가 어렵다. 설령 업무를 잘 안다고 해도 실무는 감사의 몫이 아니다. 그런 의미에서 보자면 감사실장이 업무의 성패를 좌우한다고 해도 과언이 아닐 것이다.

따라서 감사로서는 감사실장의 솔직하고 공정한 보좌가 무엇보다 절실한 입장이다. 그러므로 감사는 감사실장을 잘 만나야 하고 서로 믿을 수 있어야 한다.

내 재임기간 중에 만난 감사실장은 세 사람이었다. 내가 처음 취임했을 때의 감사실장은 정년이 임박한 상태였다.

직원이 정년 이상으로 더 근무하려면 임원이 되어야 한다. 그런데 임원은 여러 가지 고려할 사항이 많다. 감사가 나선다고 해도 임원 선임이 되리라는 보장은 없다. 그러니 괜히 감사실장에게 부담되는 일을 시키기가 미안했다. 덩달아 감사실 분위기가 위축되고 소극적인 자세가 될 수밖에 없었다.

얼마 후 감사실장이 퇴임하자 인사부서가 천거한 실장 후보 역시 정년을 앞둔 고참들이었다. 감사실에는 실장이 지휘할 부장급 팀장들이 있기 때문에 그런 것이라고 이해할 수는 있었다. 같은 부장급이면서 다른 부장을 통솔하려면 서열이 앞서야 수월하지 않은가.

하지만 정년을 앞둔 직원에게 부담스런 일을 시키기란 어려우니 결국 감사 업무가 위축된 지난번과 크게 다를 바 없었기에 망설일 수밖에 없었다.

업무를 중시하여 젊은 실장을 선발하려면 다른 부장급 팀장도 같이 세대교체가 되어야 한다. 근무연한도 짧고 내부사정에도 어두워 직원들의 성향을 잘 아는 것도 아닌 처지에서 우선은 천거한 사람들 가운데 선택하는 수밖에 없었다.

이 같은 점을 감안하여 두 번째 감사실장은 비록 고령이라 하더라도 내가 직접 선택했다. 감사원이나 주무부처의 감사 관련 업무를 원활하게 수행할 친화력이 있고 오랜 경험으로 노련미를 갖춘 인사가 적합한 때문이었다.

나는 가장 먼저 감사원과의 유대를 강화하기로 했다. 언감생심(焉敢生心), 감사를 감사하는 감사주체랄 수 있는 감사원과 유대를 맺다니 터무니없는 소리라고 할지 모르지만 절대 그렇지 않다.

그동안 감사원은 감사기관이고 우리 회사는 피감기관으로만 여겼다. 따라서 오히려 감사원을 멀리한 감도 없지 않았다.

그러나 피차에 정형화된 감사 노하우를 교환한다면 서로 이득이 될 수 있으리라 판단한 것이다. 어차피 우리는 감사백서를 발간해서 투명하게 우리 회사의 취약점을 노출시킬 계획이었으니 손해 볼 것도 없었다.

감사원 또한 우리 회사의 특성과 위험지대를 정확히 파악함으로써 효과적으로 감사를 수행할 수 있게 된다. 반면에 우리 회사도 억울한 오해를 미연에 방지하면서 감사원의 감사기법을 배워 역량을 키우는 계기가 될 터였다.

물론 이를 위해서는 감사기관 상호 간 신뢰가 전제되어야 한다. 서로 신뢰하지 못한다면 절대 이루어질 수 없는 일인 것이다.

마침 감사원에는 알 만한 인연들이 포진하고 있었다. 감사실장역시 감사원과의 업무 유대를 강화하는데 적극적이었다.

이러한 관계는 훗날 바람직한 결실을 보았다. 감사원이 우리회사 직원들의 감사능력을 높이 평가하고 다른 특수 금융기관 감사에 파견 요청을 하기도 했으니 말이다.

파견된 우리 회사 직원의 탁월한 감사 활동으로 감사원도 큰 성과를 거두었음은 물론이다. 그 결과 그 직원은 후에 감사원장 표창을 받았다. 우리 회사가 설립된 이래 초유의 일이었다.

노련한 감사실장의 활동으로 감사원과의 업무 교류가 활발할 즈음 감사실장의 정년퇴임이 다가왔다. 역시 임원으로의 승진은 내 능력 밖이었다. 결국 후임 실장을 또 선택해야 할 시기가 온 것이었다.

나는 이번에야 말로 보다 젊고 강직한 인물을 선택하여 내부 감사의 기틀을 확고히 쌓아야겠다고 결심했다.

'하지만 과연 적당한 인재를 찾을 수 있을까?'

회사의 연륜이 쌓이면서 창립 때 공채했던 직원들이 이제는 중책을 맡을 만큼 성장했다. 나는 바로 공채 1기생에 주목했다. 대체로 공채 출신들은 회사에 대한 주인 의식이 특채 출신들에 비해 높은 편이다. 내가 전에 근무했던 회사에서도 그런 특징이 두드러졌다.

물론 지금까지의 관행에 따른다면 공채 1기생이 감사실장의 위치에 오르기에는 다소 이른 감이 있었다. 그러나 차제에 감사실장부터 세대교체를 한다면 전체적인 구조조정이 빠르게 진행될 것이었다.

일반 직원들의 의견을 들어 보니 1기생 중에 적합한 인물이 있는 것 같았다. 그런데 멀리 경남 지역 지점장으로 변방을 돌아다니는 처지였다. 출장을 빙자하여 그 지점장을 자연스럽게 만나 보기로 했다.

그는 마침 창원 지점장으로 근무 중이었는데 나는 일부러 마산 지점에 들러 지점장과 팀장들을 오찬에 초대하고 가까이 있는 창원 지점장만 합류하라고 지시했다. 오찬 중 자연스럽게 그를 관찰하려는 속셈이었다.

몇 마디 말을 나누지 않았지만 그의 인품을 파악하는 데 큰 어려움은 없었다. 업무 보고를 들으며 그의 문제의식을 알 수 있었고, 사석에서의 대화를 통해 그가 비교적 지위에 초연하다는 느낌을 받았다.

주관이 뚜렷하여 유혹에 쉽게 넘어가는 타입도 아니라는 생각이 들자 나는 그를 후임 감사실장으로 내정했다. 그가 전혀 눈치채지 못했음은 물론이다.

나와 그 지점장은 그렇게 운명적으로 만났다. 그는 훗날 우리 회사의 운명을 가르는 엄청난 일을 해낸 인물이었던 것이다. 비록 한 사람의 인선에 관련된 일이지만, 그의 역할과 임무가 얼마나 중요한지를 보여주는 사례가 아닐 수 없다.

1년을 내다보는 사람은 농사를 짓고, 10년을 내다보는 사람은 나무를 심으며, 100년을 내다보는 사람은 인재를 키운다고 하지 않던가.

모든 일은 결국 사람이 하는 것을 사람의 중요성을 우리는 너무 잊고 살지 않는지?

감사실장 못지않게 감사실 요원들의 선발도 중요하다. 우수하고 자기 관리에 엄격한 자질이 요구된다. 그러므로 감사실에 입성하는 절차부터 투명하고 공정해야 한다.

그런데 그간의 인사 관행에 문제가 있어 보였다. 특이한 것은 감사실 직원들의 대물림 현상이었다. 즉 감사실에 입성하려면 현재 감사실에 근무하는 직원들의 추천이 있어야 했던 것이다.

물론 이유는 있었다. 집행부의 인사권에서 독립적인 선발을 하려는 의도였다. 그만큼 감사실의 독립과 권한을 보호한 셈이다. 그러나 또 한편으로는 질적으로 우수한 직원의 진입을 오히려 막을 우려도 있었다. 대물림이 되풀이되는 인사만 하다 보니 특권의식과 편 가르기 풍토를 조장할 위험도 있었던 것이다.

'뭔가 좋은 방법이 없을까?'

나는 우선 감사실 직원들의 내부 추천권을 각 지역 본부장에게 나눠 주기로 했다. 현장 업무에 탁월한 실적을 보이고 감사 업무에 적합한 직원이 자원하는 경우, 지역 본부장이 소요인원의 2배수를 추천하도록 한 것이다.

그 다음은 감사실 직원들로 평가단을 구성하여 공정하게 심사를 하도록 했다. 내부 직원들의 개인적 추천 권한을 집단 평가의 형태로 바꾼 것이다.

사실 내게까지 올라온 선발 직원 명단에 직접 손을 댄 적은 거의 없었는데, 제도적으로 감사의 인사권에 스스로 족쇄를 채운 셈이다.

독점적인 권한이 없어지니 자연히 인사 청탁도 사라졌다. 만약 전처럼 감사실 직원들만의 추천으로 감사실에 올 수 있다면, 감사는 어느 직원을 통해서라도 권한을 행사할 여지가 있었던 것이다.

직원 선발 방법이 이렇게 바뀌자 지역 본부장들이 크게 반겼다. 자신들의 권한이 늘어난 것뿐 아니라 현장 업무에도 크게 도움이 되기 때문이었다.

지역 본부장은 관할지역의 업무 실적이 중요한 관심사이다. 업무 실적을 독려하는 또 하나의 무기가 생긴 셈이나 다름없었으니 반길 만도 했으리라.

그러나 아무리 업무 실적이 좋다고 하더라도 감사실 직원으로 부적격자인 직원을 추천하기란 결코 쉽지 않다. 자신에 대한 감사실의 신뢰 여부도 고려하지 않을 수 없는 것이다. 따라서 당연히 업무 실적도 좋고 자질도 우수한 인력을 추천하게 되어 있다.

이처럼 과거에 비해 객관성이 보장되니 감사실 근무를 발령 받은 직원의 자부심은 무척 높았다. 예전에는 대개 기존 감사실 직원 개인의 추천으로 선발되다 보니 자부심보다는 개인적으로 신세를 진 것 같아 제대로 업무를 수행하기 쉽지 않았던 것이다.

또 하나 변화된 것은 지역 본부장 자신의 의식이다. 누구나 자신에게 부여된 권한을 누리기만 하는 것은 아니다. 권한이 증대된 만큼 책임도 따르는 것은 당연지사 아닌가.

직원 선발 방식이 바뀌자 분위기가 쇄신되어 모두가 감사 업무에 대해 긍정적이고 능동적으로 반응하기 시작했다. 지역 본부장의 입장에서는 자기가 추천한 직원을 통하여 자신을 보호하려는 생각도 없지 않았을 것이다.

물론 미리 그 같은 점을 감안하여, 감사팀을 구성할 때는 평소의 인간관계를 충분히 고려하여 선발했다. 그러나 다행히 그런 문제점보다는 지역 본부장 스스로가 감사에 지적 받지 않으려고 자신과 지점을 단속하는 자세로 바뀌었다.

사소한 일 같지만 감사실 요원을 선발하는 인사 제도 하나를 바꿈에 따라 많은 변화가 일어났다. 무엇보다 집행부의 감사에 대한 태도가 변했고, 지역 본부장의 의식도 보다 바람직한 방향으로 바뀌었다.

제도를 합리적으로 운용하면 이처럼 상호 신뢰가 돈독해지고 업무의 효율화를 이룰 수 있는 것이다.

무엇보다 감사팀은 감사 업무에 밝아야 한다. 현장에서 잘못된 업무를 바로 잡아야 하기 때문이다. 그러므로 감사실에 입성하려면 개인의 업무 지식과 자질이 탁월해야 한다. 또한 감사 업무를 하다보면 회사 전체 업무에 대해 깊고 넓게 이해하는 능력이 생긴다.

이런 이점 때문에 어떤 직원은 배경을 동원하여 감사실에 입성하는 경우도 있었다. 하지만 그런 직원은 당연히 왕따가 되기 쉽다. 업무를 기계적으로 배우기만 하려다가는 과중한 업무에 견디지 못하고 스스로 압사되기 십상인 것이다.

한편 회사 내부적으로는 업무 성격상 개인적인 희생으로 현장 복귀에 어려움을 당하는 경우가 발생한다. 이처럼 안타까운 케이스를 주로 겪는 것이 바로 비서실에 근무한 직원과 노조 간부들이다.

비서실은 사장을 비롯한 임원들의 뒤치다꺼리를 하는 것이 주요 업무다. 오랫동안 현장을 떠나 있는 사이에 회사의 규정이나 세칙들이 많이 바뀐다. 또 현장 감각도 쉽게 회복되지 않는다. 그런 상태에서 막상 현장에 복귀하면 무능력한 존재로 낙인찍히고 모멸감마저 들어 적응하기가 힘들다.

노조 간부 역시 마찬가지다. 노조라는 배경 때문에 득실(得失)이 교차하지만 현장에서의 부적응은 피할 수 없다. 그러다 보면 노조 간부들이 현장 복귀보다 상급 노조단체로 이적하기 위해 필요 이상으로 강성이 될 소지도 있는 것이다.

나는 이러한 모순을 타개하기 위해서 비서실을 떠나는 직원과 노조 간부를 받아들이는 것을 관행화했다.

감사실에도 총무 역할이 있다. 총무 역할은 비서실 직원이 적임이다. 총무를 하면서 간간히 감사팀에 투입되면 현장 업무를 익히는 데 큰 도움이 될 것이었다.

노조 간부를 감사팀으로 투입한 후에 노조의 현장 복귀에 대한 애로가 크게 줄어든 것도 수확이었다. 덕분에 노조 위원장 선거에서 자체 조정이 용이해졌다. 출마를 포기해도 감사실이라는 출구가 있기 때문이었다.

노조 간부 출신 직원에게는 감사원 등 외부 유관기관과의 협력 창구 임무를 맡겼다. 한동안 노조 간부로서의 기질을 발휘하면서도 감사 업무를 통해 현장 체질로 바꾸라는 의미였다. 비록 예외적 인사 조치였지만 감사실 직원들은 충분히 이해했다.

이 같은 비서실과 노조에 대한 특례인사 조치는 감사 위주가 아니라 회사 전체의 이익에 부합되는 선택이라고 생각했다. 아무도 청탁을 받았다고 생각하거나 불합리한 인사라고 여기지 않았다. 감사나 인사도 회사 전체의 이익이 우선이라는 합목적성이 공감대를 만든 것이다.

전관예우도 감독기관 나름

통상적으로 감독기관의 임직원을 피감기관이 감사로 선임하는 것은 전관예우(前官禮遇)라는 특수한 관계를 이용하려는 것으로 알려져 있다.

그러나 우리 회사는 감사원의 피감기관이지만 공공기관인지라 그런 관계가 성립되지는 않는다. 오히려 감사원의 감사가 적지 않은 도움을 주는 경우가 많다. 따라서 감사원 감사를 꺼려할 이유가 없다. 게다가 감사원을 통해 다른 유관기관에 대한 협조를 받기도 수월하다.

만약 감사원 감사가 거북스러운 경우라면 임직원들의 비리나 부정 때문에 회사의 대외 이미지에 상처를 입을까 걱정하는 것뿐이다. 그러니 나처럼 감사원 출신이 아닌 감사들이 낙하산을 탈 수 있는 것인지도 모른다.

나는 감사원의 협조로 내부감사의 질을 높이려고 노력했다. 이런 노력은 감사원의 신뢰를 얻는 데도 기여했다. 감사원 감사를 받을 때 빚어지는 견해의 차이나 오해를 예방할 수 있고, 결과적으로 억울한 희생도 막을 수 있게 된 것이다.

즉 업무를 추진하다 보면 규정에 얽매이기보다는 합목적적으로 처리하여야 할 때가 있는 것이다.

그런데 외부인의 시각으로는 규정 위반이라고만 좁게 해석할 여지가 없지 않다. 또한 규정에 없는 재량권을 행사할 때도 있다. 이때 재량권의 범위를 놓고 다툴 수 있는 것이다.

그러므로 감사자의 바른 판단을 위해서는 피감기관의 업무상 특성을 감사자가 잘 숙지하도록 만드는 것이 좋다는 생각에서, 나는 감사백서를 만들어 감사원 관계자들에게 배포했다.

"우리 회사의 취약 포인트를 공개했으니 감사 때 활용하세요."

"아니! 회사의 비밀을 공개하면 손해가 클 텐데… 내부에서 반대하지 않았나요?"

"이 쪽의 약점을 다 공개했으니 알아서 하라는 거죠."

가볍게 주고받는 농담을 하면서 감사백서를 건넸지만, 나는 어찌 보면 과감할 수도 있는 결단이 감사원의 신뢰를 얻는 데 적지 않은 기여를 했다고 믿는다.

얼마 전 부실 저축은행 감독과 관련하여 감독원 간부들이 피감기관의 감사로 취임한 사실이 언론의 집중 조명을 받았다. 전관예우 때문에 부실감사가 되었다는 지적이었다. 하지만 사정기관의 전관예우와 금융 감독기관의 경우는 사실 성격이 다르다.

먼저 사정기관의 전관예우는 판검사와 변호사와의 관계에 국한한다. 사건 처리를 놓고 판검사와 변호사 모두 크게 손해 볼 일이 없다. 손해를 보는 것은 원고나 피고 중의 한 쪽이다.

그러나 금융 감독의 경우 전관예우를 하다 보면 금융기관의 부실을 부채질하고 선량한 고객에게 피해를 줄 수 있다. 득을 본 이들은 부실 금융기관의 주주들이다. 전관예우를 받은 감사도 월급 몇 푼 받으려다 망신을 당한다. 따라서 금융 감독 당국은 엄격하게 피감기관의 감사에 자격 제한을 가하는 것이다.

그럼에도 같은 일이 반복되고 있다. 감사가 피감기관의 부정과 비리를 은폐하고자 형식적으로 그친 때문이다. 피감기관의 주주가 감사를 선임하는 한 역할은 바뀌지 않고 비리도 제대로 밝혀지지 않는다. 감사가 주주의 이익을 위해 비리와 부정에 눈을 감는 한 금융 감독의 부실은 피할 수 없는 것이다.

반대로 감사 선임권이 주주가 아닌 다른 이에게 있다면 어떻게 될까? 당연히 감사는 주주의 눈치를 볼 필요가 없다. 그러므로 부실감사가 발생할 환경을 없애는 것이 중요하다.

나는 금융 감독을 받는 민간 금융기관의 감사를 주주가 선임하지 못하도록 하는 특별법을 만들기를 강력하게 주장한다. 금융 감독기관의 임직원을 감사로 선임하지 못하게 할 것이 아니라 아예 파견을 제도화하여 상시 감독체제를 만드는 것이 낫다는 생각이다. 원천적으로 민간 금융기관의 부실을 미연에 방지할 수가 있기 때문이다.

아무리 민간 소유라지만 금융기관은 공공성이 우선이다. 항상 전관예우를 막는다고 떠들지만 도로 아미타불이다. 되지도 않을 제도를 지키라고 하는 것처럼 어리석은 짓은 없다. 이제는 발상의 전환이 필요한 때인 것이다.

감사 업무 중에는 집행부가 사전에 감사의 동의를 얻어야 하는 경우가 있다. 이를 일상감사(日常監査)라고 한다.

일상감사의 취지는 잘못을 사전에 예방한다는 데 있으니 무척 바람직한 일이다. 그러나 감사에게는 골치 아픈 것이 바로 일상감사다. 충분히 검토할 시간적 여유가 없는 때문이다.

집행부는 오랜 동안 검토하고 준비하지만, 정작 시행을 앞두고는 촉박하게 감사의 의견을 구한다. 시간 여유를 충분히 두고 감사실에 보내라고 아무리 이야기해도 효과가 없다.

"미리 좀 갖다 주면 무슨 문제라도 생깁니까?"

"죄송합니다. 저희들도 최대한 시간을 앞당겨 작업을 끝내려고 했는데…….'

"혹시 나 골탕 먹이려고 일부러 시간을 끈 것은 아니고요?"

"천만에요, 그럴 리가 있나요? 정말 저희 직원들도 엄청 고생했습니다. 시간이 촉박하니… 잘 좀 부탁합니다. 감사님!"

늦게 들이밀고 재촉은 빚쟁이 못지않으니 참으로 난감하다. 그러나 일상감사를 잘못하면 누구를 탓할 수가 없다. 그 사안에 대해 사후감사를 할 명분도 없다. 그러니 일상감사는 항상 나를 비롯한 감사실 직원들을 긴장하게 만들었다.

감사실 직원 중에도 일상감사 담당은 업무에 밝은 고참에게 돌아간다. 자연히 감사는 일상감사 담당자의 의견에 의존하게 된다. 때로는 확신이 없으면서도 담당자의 의견을 따를 수밖에 없다.

물론 일상감사 담당자는 감사실장의 재가를 얻어 감사에게 온다. 그러나 감사실장도 새로운 사안의 경우 생소하기는 마찬가지다.

"아무래도 썩 내키지 않는데… 자네만 믿고 결재해도 괜찮을까?"

"너무 염려하지 마십시오. 제가 충분히 검토했습니다."

의기양양하게 대답하는 데야 별 수가 없다. 내키지는 않지만 시간에 쫓겨서 결재를 할 때 마음이 편하겠는가? 하지만 속마음은 달랐다.

'모르면 시간이나 지체하지 말고 무조건 동의하라는 속셈이렸다.'

일상감사만 만나면 늘 마음 한 구석에 상처 입은 딱지가 남아 있는 느낌이었다.

밥값은 한 거지?

특별 업무 지시가 내려왔다. 우리 회사는 중소기업 전문 금융 기관인데 부분적으로 대기업에 대한 정책금융도 한시적으로 취급하게 된 것이다. 외환위기가 빚은 일시적 신용도 하락을 메워주는 일이었다.

외환위기로 인해 멀쩡했던 기업의 신용도도 같이 추락했다. 자체 신용으로 회사채를 발행할 수 있던 기업도 신용도 하락으로 자금 조달에 장애가 발생한 것이다. 기업 자체가 부실해진 것이 아니라 외부 평가 잣대가 일시적으로 바뀐 탓이었다.

당시 정부는 이런 문제점을 해소하기 위해 우리 회사도 대기업에 특별 금융지원을 하도록 새로운 제도를 도입한 것이다.

처음에는 우리 회사 내부적으로도 이 같은 제도 도입을 우려하는 분위기였다. 대기업 금융지원은 규모가 중소기업에 비해 월등히 클 수밖에 없고, 그만큼 위험 부담이 높기 때문이다.

그러나 나는 오히려 적극적으로 수용하자는 의견을 냈다. 일시적 신용도 변화일 뿐 부실기업에 대한 금융 지원이 아니라고 본 것이다. 수수료 수입도 얻고 금융 경색도 푸는 일석이조의 효과를 기대할 수 있었다.

쉽게 말하면 증권회사가 신용도가 떨어져 자체 채권 발행을 하지 못하는 기업들을 모아 우리 회사에 특별 금융 지원을 하도록 하는 제도이다.

이 역시 일상감사 대상이라 내 앞에 대상 기업 명단이 올라왔다. 예전 같으면 쌩쌩했던 기업들이 마치 어부에게 잡혀 넋이 빠진 굴비처럼 줄줄이 엮인 모습이었다.

잠깐 명단을 살펴보다가 그 중 한 기업 이름이 눈에 들어왔다. 내가 알기로는 재무구조가 아주 부실했던 기업이었다. 외환위기가 아니라도 자체 신용으로 사채 발행이 어려운 수준이었는데 어떻게 지원 대상에 들었을까? 순간 어떤 생각이 영감(靈感)처럼 내 머리를 스치고 지나갔다.

'어쩌면 증권회사가 장삿속으로 슬그머니 끼워 넣은 것일 수도 있어.'

관련업체들이 증권사를 상대로 나름의 영향력을 총동원했을 가능성은 충분했다. 만약 나중에 부실이 발생하여 채무 불이행이 되더라도 미리 손실을 보전하기 위해 적립한 몫에서 우선 변제하게 되어 있었다.

그러고도 모자라면 우리 회사가 부담하니 심부름만 하고 구전을 챙기는 증권회사는 손해 볼 일이 없었다. 자칫하면 눈 멀쩡하게 뜨고 코를 베일 판이었다.

나는 문제의 그 기업을 빼지 않으면 동의하지 말라고 의견을 달았다. 여태까지 없던 일이 벌어진 것이었다. 의기양양하던 일상감사 담당자가 허둥지둥 집행부서에 연락을 했다.

얼마 후 또 다른 기업들도 같은 절차를 밟았고 다시 명단이 올라왔다. 얼핏 봐서는 잘 판단이 서지 않았다.

"이번에는 내가 좀 자세히 들여다보고 결재할 테니 놓고 가지."

일상감사 담당자는 군소리 없이 물러갔다. 속으로야 투덜거렸는지 모르지만.

과연 어떻게 옥석을 가려야 할까? 나는 고심하던 끝에 전에 근무했던 기관의 후배들에게 물어보기로 했다. 예전에 내가 맡았던 부서가 산업 담당이었기 때문이었다.

생소한 기업들을 골라 물어 보니 몇 시간 만에 대강의 실상을 파악할 수가 있었다. 역시 그 중에 하나는 취약한 상태였다. 또 슬그머니 끼워 넣은 것이었다.

"이봐, 왜 자꾸 이런 기업이 끼어드는 거야? 만약 또 이런 장난을 하면 중개기관을 바꾸든가 해야 되지 않겠나?"

"예, 감사님의 의견을 강력하게 전달하겠습니다."

일상감사 담당자는 혼비백산해서 나는 듯 감사실을 나갔다. 아마 집행부는 더 놀랐을 것이다.

아무리 조사를 한다지만 겉으로 나타난 재무제표(財務諸表)가 전부가 아니다. 더구나 중소기업 전담기관이 대기업들의 재무 건전성을 자세히 파악하기는 어렵다. 그래서 중개기관을 믿고 대충 따라갈 처지였던 것이다.

깔끔하게 일 처리가 되니 오랜 만에 밥값을 한 듯하여 기분이 좋았다. 일상감사로 구겨진 자존감이 한꺼번에 회복되는 상쾌한 기분을 맛보았다. 한두 기업만 부실을 막아도 100억대의 손실을 예방하는 셈이다.

물론 재무구조가 취약하다고 전부 부실기업이 되는 것은 아니다. 내가 지적했던 기업이 망했다는 확증도 없다. 그러나 외환위기를 틈타 엉뚱한 기업까지 혜택을 보게 하는 것은 불공정했다. 이 제도는 우리와 유사한 업무를 취급하는 또 다른 회사에게는 치명적인 손해를 끼쳤다. 대상이 바로 벤처 기업이었던 때문이다.

우리는 단지 외환위기 때문에 신용도가 떨어진 대기업을 지원했지만, 그 기관은 애당초 자체 신용으로 사채를 발행할 수 없는 취약한 기업을 맡았다는 차이였다.

그 회사에 맡긴 금융 지원 제도는 사실 터무니없는 정책 실패가 아닐 수 없었다. 건실한 기업도 견디기 어려운 상황에서 벤처 기업은 두 말할 처지가 아니었다.

그래서 벤처 기업에 대한 자금 지원은 금융정책이 아닌 산업정책 차원에서 다뤄야 한다. 처음부터 버릴 셈치고 유망한 신기술 사업에 자금 지원을 해야 옳다. 아무리 정책 금융기관이지만 무조건 퍼주기식 지원을 하는 것은 무책임한 일이었다.

나중에 세월이 지나 정권이 바뀐 상태에서 결과를 보니 그 회사에 천문학적인 피해가 발생했다. 정책 판단의 오류가 빚은 당연한 결과였다. 그리고 그 많은 손실은 모두 국민의 부담이 아닐 수 없었다.

그러나 당시의 정책 결정과 집행을 주도했던 사람들은 그 같은 결과에 대해 어떤 기억을 하고 어떤 책임을 질까? 어쩌면 당시로서는 어쩔 수 없는 선택이었고 자기는 책임이 없다고 믿고 있을지도 모른다.

다행히 우리 기관은 일시적으로 신용도가 하락한 대기업을 상대로 지원한 덕분에 명분은 제대로 세우면서 부실도 없애고 수입은 짭짤했으니 감사로서 제몫을 톡톡히 했다는 뿌듯한 기분이 들었다.

목표 지상주의의 함정

　새로운 금융제도나 상품이 도입되면 이를 확산시키기 위해서 회사는 적극적으로 홍보 활동을 한다. 또한 담당부서는 실적을 올리려고 갖은 애를 쓰며, 본사는 목표를 정하고 각 지점장을 독려한다.

　대개 처음 시작하는 업무는 이 같은 분위기가 지배적이다. 그러나 새로운 제도가 정착하고 신상품이 소비자들에게 알려지기까지는 상당히 오랜 시간이 걸린다.

　이를 참지 못하고 조급한 마음에 과속하면 사고가 일어나기 쉽다. 특히 제도적으로 위험을 안고 있는 경우, 안전장치를 만들기도 전에 무리하게 진행하다 보면 문제가 발생하는 것은 당연지사이다.

　어음과 관련한 새로운 제도가 도입되자 나는 아무래도 속도 조절을 위해 가끔씩 브레이크를 밟아야 되겠다고 생각했다. 그러나 한편으로는 자칫하면 직원들의 사기를 저하시킬 수 있기에 무척이나 조심스러웠다.

이런 생각으로 임원 보고 때마다 내가 시비를 거니 담당 부서장은 당황스러워 하고 사장을 비롯한 임원들은 의아해 했다.

"지나치게 공격적인 것 같네요. 아직은 방어적 자세를 유지하는 게 좋을 것 같습니다. 좀 쉬엄쉬엄 하세요."

열심히 일하지 말라니⋯ 회사에서 가당키나 한 소린가? 아마 듣는 사람들은 지나가는 농담으로 받아들였을 것이다.

"이 업무는 목표를 정하지 말고 시행하면 좋겠는데⋯ 안 되겠지요?"

"목표를 할당하지 않으면 지점에서 관심을 갖지 않습니다."

그 말도 일리는 있다. 아직 정착되지 않은 분야이니 지점의 적극적인 관심과 영업이 필요한 때가 아닌가. 자율에 맡겨 놓으면 실적이 부진할 것은 뻔할 것이다.

그러나 얼마 후부터 새로운 상품과 관련된 사고가 갑자기 늘어나기 시작했다. 본래부터 어느 정도의 부실을 감안한 상품이지만 사고가 빈번하게 일어나니 지점장 입장에서는 여간 부담이 아닐 수 없었다.

실적을 올리자니 사고 발생 위험이 높고 부실을 줄이자니 실적이 떨어지는, 나아갈 수도 그렇다고 물러설 수도 없는 형국이었다.

급기야 감사실은 해당 상품에 대한 집중 감시에 들어갔다. 그러자 여러 지점에서 꼼수를 쓰기 시작했다. 즉 겉은 보험상품이지만 실제 내용은 거래처와 짜고 안전하게 실적을 올리는 수법을 사용한 것이다.

그나마 그것도 비결이라고 여러 지점이 모방을 하기 시작했다. 제도 도입의 취지에 어긋나는 일이 아닐 수 없었다. 거래 기업은 지점장의 고민을 해결해 주려고 협조한 것이지만 세상에 공짜가 어디 있겠는가? 금융기관이 거래업체에 신세를 져서 좋을 일이 없었다.

급기야 나는 집행부에 설정 목표액을 낮추도록 권고했다. 최소한 거품만큼은 내려 잡아야 할 듯싶었다. 내 의견이 받아들여져 목표액을 대폭 내리자 사고도 크게 줄었다.

"감사합니다. 덕분에 한숨 돌렸습니다."

"정말이지 죽을 맛이었습니다. 그런데 감사님의 제안으로 목표액이 조정되어 살 만하게 되었습니다. 고맙습니다."

각 지점장들이 감사실로 고맙다는 전화를 해왔다.

목표도 업무 성격에 따라 정할 일이다. 무턱대고 목표를 정하기 전에 어떤 함정이 도사리고 있는지부터 미리 살펴야 하는 것이다.

'안 되면 되게 하라'는 군대에서 통용되는 말이 있지만, 이는 병사의 사기를 진작하고 군인정신 함양을 위한 슬로건일 뿐 안 되는 것은 안 되는 것이다. 안 될 일을 무리하게 밀고 나가면 반드시 탈이 나고 만다.

나라 전체를 뒤흔든 외환위기는 우리 회사에 새로운 업무를 떠

안기는 계기가 되었다. 일반 은행들은 자기 코가 석 자여서 앞가림에 급급하니 대출은 막혔고 자금시장은 꽁꽁 얼어붙었다.

정부는 중소기업 전문 금융기관인 우리 회사에 자영업자를 위한 생계형 창업자금까지 취급하라고 주문했다. 어디 그뿐인가? 주택은행이 취급하던 업무도 우리 회사로 이관되었고, 새로운 상품도 도입해서 중소기업을 다양하게 지원토록 했다.

구조조정으로 직원은 줄었는데 업무량은 배로 늘어나니 견딜 재간이 없었다. 본사는 그나마 좀 나은 편이지만, 지점에 가서 살펴보면 낮에는 방문객을 맞아 상담하느라 바빠 도저히 서류를 작성할 시간이 없었다. 할 수 없이 저녁 때 업무 처리를 해야 하니 야근은 당연했다.

이런 나날이 하루 이틀도 아니고 한 달이 넘도록 계속되니 급기야 과로로 순직하는 직원이 생겼다. 너무도 과중한 업무를 견디지 못하고 쓰러진 것이다.

"불필요한 야근에 직원이 순직했다!"

"근무시간 단축하라! 단축하라!"

노조는 난리법석이었다. 순직한 직원이 근무하던 지점에서 노제도 지내고, 문제를 해결하라고 시위를 했지만 달리 이를 해결할 방법이 없었다.

마음은 한없이 답답하고, 눈물을 흘리는 직원들 보기가 너무 미안했다.

외환위기는 단순한 경제위기가 아니라 우리 회사 직원들, 나아가 온 국민의 건강위기까지 초래한 듯 보였다.

사실 당시를 회고하면 어떻게 그 고비를 넘겼던가 싶을 만큼 실감이 나지 않는다.

금융은 기업의 생존을 좌우한다는 점에서 인체의 혈액과 같다고 할 수 있다. 혈액이 원활하게 흐르지 못하면 신경이 마비되고 뇌졸중이나 심근경색 같은 치명적인 증상을 야기하는 것처럼 금융의 흐름이 막히면 경제는 꽁꽁 얼어붙고 마는 것이다.

외환위기 때 거의 모든 은행의 재무 건전성을 나타내는 BIS 비율은 8%를 밑도는 처지로 전락했다. 자연히 담보 부족 사태가 발생하여 기업에 대한 추가 금융지원이 어렵게 되었다. 그 부족분을 신용보증으로 메울 수밖에 없게 된 것이다.

사정이 그럴진대 자금이 돌지 않을 것은 뻔하다. 중소기업들은 죽는다고 아우성이었다. 우리는 기존의 대기업에 추가적으로 중소기업을 지원하는 것은 물론 거기에 개인 창업자에 대한 지원 업무까지 하려니 정말 눈코 뜰 새가 없었다.

그런 판국에 감사를 하겠다고 나서면 그 지점은 이중으로 고생일 터이니 내 업무도 제대로 처리하기 힘들었다.

나는 고민하지 않을 수 없었다. 사고는 연달아 터지는데 감사를 하지 않을 수 없었다. 또 일반감사는 주기적으로 순번에 따라 반드시 해야만 했다. 급한 불부터 끄자는 심정으로 우선은 시기적으로 덜 바쁜 때를 선택하고 지점의 편의에 따라 일반감사를 진행하도록 했다.

그런 와중에 특감을 해야 할 곳이 생겼다. 불가피하게 실시는 하되 지점의 현업에 지장을 주지 않도록 최대한 배려하도록 했다. 어떻게 해서든지 지점 직원들의 감사의 부담을 줄일 수 있는 묘안을 찾지 않으면 안 되었던 것이다.

사이버 감사에 착안하다

매스컴을 통해 사이버 감사를 시도하여 성과를 거둔 어느 행정 기관이 소개되었다. 당시만 하더라도 아직 사이버 기법으로 감사를 하는 기관은 없었기에 무척이나 획기적인 일이라 할 수 있었다.

'바로 이거야!'

뉴스를 보고 나는 눈앞이 환히 트이는 듯한 느낌을 받았다. 희망의 이정표를 본 것 같았기 때문이다. 즉시 감사실 직원을 그 기관으로 보내 자문을 받도록 했다.

하지만 직원의 보고를 들어보니 그 기관과 우리 회사의 업무 성격이 현격히 달랐다. 때문에 우리는 독자적인 시스템 개발이 필요했다.

나는 전산실 직원과 감사실 직원들로 특별 개발팀을 구성했다. 우리 회사의 업무 특성과 전산 기술을 접목하기 위해서였다.

사이버 감사 기법을 개발하기 위해서는 전산실이 주축이 되어 지점별로 여러 위험 요소들을 점검해 봐야 한다.

평소 전산실은 감사와 무관하게 본연의 작업만을 했다. 굳이 지점 간의 공통점을 분석하거나 취약점을 찾으려고 추적할 필요가 없었던 것이다.

적지 않은 시행착오를 겪으며 시스템을 개발하던 중, 감사의 시각에서 현장 업무의 흐름을 주시하니 뭔가 이상한 징후가 나타나기 시작했다.

"감사님, 몇몇 지점에서 비슷한 행태의 묘한 현상이 보인답니다. 아무래도 실적을 부풀리는 짓을 하는 모양입니다."

감사실장이 상기된 표정으로 보고를 했다.

'역시 목표를 너무 과다하게 책정했던 거야.'

예의 신상품 실적이 거품이라는 증거가 나온 것이다. 앞서 소개한 그 상품의 목표 할당이 과다하다는 결론은 바로 사이버 감사 기법을 개발하다가 얻어걸린 부산물이었다.

"혹시 모르니 해당 지점장들에게 넌지시 물어 보세요. 이미 알고 묻는 것이라고 전제하면 거짓말은 못할 겁니다."

결과는 역시 짐작했던 대로였다.

"지점장들이 깜짝 놀랍니다. 어떻게 알았느냐고 묻기에 '우리 감사실은 현장에 가지 않아도 아는 수가 생겼다'고 했습니다. 앞으로 더욱 조심하라고 엄포도 놓았습니다."

통쾌한 표정을 감추지 못하는 감사실장을 보며 나 역시 기분이 좋았다.

시스템 개발로 이룬 또 하나의 중요한 성과는 실시간 감사능력이 크게 향상된다는 점이었다.

예전에는 업무 진행이 잘못되었더라도 상당기간이 지난 후에야 감사를 받았고, 잘못이 밝혀지기까지 오랜 시간이 걸렸다.

그러나 사이버 감사는 실시간으로 문제점을 파악할 수 있다는 장점이 있었다. 경고등이 켜지면 즉각 현장을 확인할 수 있으니, 사고 예방 효과가 클 뿐 아니라 손실 규모도 크게 줄일 수 있게 된 것이다.

그리고 무엇보다도 사이버 감사는 직원들에게 보이지 않는 망원경이나 거울 노릇을 했다. 은연중에 직원들에게 경계심리를 불어넣은 셈이다.

나는 이 같은 장점을 극대화하기 위해 현장에서 해야 할 일을 최대한 사이버 감사에 포함시키도록 개발팀에 주문을 했다.

"사이버 감사 시스템으로 인해 많은 성과를 얻었어요. 쉽진 않겠지만 굳이 현장에 나가지 않더라도 시스템을 통해 확인할 수 있도록 최대한 자료를 입력하고 프로그램의 활용도를 높이도록 개발하세요."

개발팀은 여러 가지 방법을 다각도로 실험을 했고, 드디어 기다리던 시스템 개발이 마무리되어 시험 적용을 한 결과가 나왔다.

"이번 사이버 감사의 특징은 과거 현장감사에서 놓치기 쉬운 사각지대를 최대한 찾아냈다는 사실입니다. 이제는 여러 지점을 상대로 사고를 위장한 범죄까지도 추적할 수 있을 겁니다."

감사실장은 기대와 확신에 찬 목소리로 감사 업무의 새 지평을 열게 됐다고 감격해 했다.

현장감사는 지점별로 사고 원인과 과정을 살펴보고 위법 여부를 따진다. 그러니 다른 지점과 연계되어 있는지의 여부는 잘 알 수가 없다. 몇 명이 작당을 하여 여러 지점을 각기 다른 회사명으로 거래를 하면 동일한 계열의 회사인지 알 수가 없는 것이다.

그런 회사들이 의도적으로 금융사고를 내면 지점별로 각각 다른 사고로 처리되었다. 고의적 부도인지 사업상 부도인지 구별하기도 어려웠다.

그런데 사이버 감사 기법으로 서로 연결된 기업의 실체가 한눈에 드러나게 되었다. 개발팀의 각고의 노력이 드디어 결실을 본 것이다.

사이버 감사가 탄생하게 된 배경은 살인적인 업무로 순직하는 직원들이 나온 때문이었다. 쉬지 않고 이어지는 현장감사, 정기적인 정기감사, 불시에 하는 암행감찰 등 과중한 업무로부터 직원들을 조금이라도 편하게 하자는 배려가 개발로까지 연결된 것이다.

사이버 감사 기법이 성공적으로 개발된 이면에는 이처럼 직원들이 서로 아끼고 배려하며 협동하려는 정성이 녹아 있는 것이다.

감사 신문고 설치

사이버 감사는 현장감사를 하기 전, 위험징후를 조기포착하기 위한 시스템이지만 그렇다고 모든 위험을 완벽하게 감지할 수는 없다. 기계가 아무리 발달한다고 해도 아무래도 사람이 하는 일은 따로 있게 마련이다.

나는 이를 보완하기 위해 감사실 컴퓨터에 감사 전용 신문고를 설치하기로 했다. 기계적인 관리만으로는 부족했기에 현장 직원들과 소통하는 길을 만들기 위해서였다.

신문고의 내용은 기밀을 지키고 신분보장을 위해 감사 한 사람만 확인할 수 있도록 했다. 제보자의 불안심리를 없애려는 의도에서였다.

누구든지 감사와 소통하고 싶으면 감사 신문고에 들어와 소견을 올리면 되었다. 예전 왕조 시대에도 억울한 민초들이 대궐 앞에 놓인 신문고를 두드리게 했다고 하지 않은가? 어떤 이야기라도 좋다고 했다. 심지어 감사 욕을 해도 무방하다고 했다.

아무리 신문고를 설치한다고 해도 과연 그를 통해 의견을 전할 사람이 있을까? 신문고 무용론을 거론하며 고개를 갸웃하는 사람들이 많았지만 의외로 효용이 있었다.

굵직한 사건은 물론 부정 대출을 해주라는 상사의 압력 등 업무와 관련된 사항은 물론이고 직장 생활의 편의를 위한 건의, 그리고 하다못해 지역 깡패가 괴롭히는 경우도 신문고에 올랐다. 내가 해당지점 관할 검찰의 협조를 받기로 한 것도 이런 첩보 덕분이었다.

신문고의 또 다른 효능은 혹시나 발생할 수 있는 감사실 직원의 직권 남용도 방지할 수 있다는 것이었다. 제보의 내용을 확인한 뒤 사실로 밝혀지면 문제의 검사역을 다음 인사 때 자연스럽게 교체할 수 있었던 것이다.

물론 직원들도 처음에는 생소하고 멋쩍어 했다. 그러나 내가 임의로 불특정 지점의 감리역(監理役: 지점 내에서 감사업무의 창구 역할을 맡은 직원)에게 의견을 구하기도 하니 그들도 반응을 하기 시작했다.

그래서 아예 주기적으로 지점 감리역으로 하여금 신문고를 의무적으로 이용하도록 했다. 이는 자연히 관심을 가지고 주위를 돌아보게 만드는 효과가 있었다.

특히 제도를 개선하자면 계통감사(系統監査: 본부와 지점 간의 업무를 취급하는 제도나 절차를 감사하는 것)라는 절차를 필요로 했는데, 신문고를 통하면 쉽게 계통감사에 들어갈 수 있었으니 번거로움이 부쩍 줄어들어 모두가 좋아했다. 따라서 불편이 발생할 때 즉각 감사 신문고를 이용하면 불편과 문제를 최소화할 수 있었다.

만약 신문고가 없었다면 계통감사를 기다렸다가 문제를 풀어야 한다. 그러면 시간이 지체되고 때로는 귀찮다고 방치할 수도 있으니 업무가 원활히 진행될 수 없는 것이다.

아침에 출근하자마자 내가 제일 먼저 열어 보는 것이 감사 신문고였다. 마찬가지로 지점 직원들에게도 감사 신문고는 언제라도 찾을 수 있는 위안처가 되기를 바랐다.

감사는 엄격해야 한다. 그러나 한 사람이라도 억울한 처분을 받게 방치해서는 안 된다. 그런 의미에서 감사 신문고는 만약에 있을 수 있는 부당한 사례를 예방하는 데 매우 효과적인 창구가 된다. 동시에 급박하게 문제가 발생했을 때 손쉽게 구조 요청을 할 수도 있는 119 번호와 같은 기능도 하는 것이다. 경찰 수칙에도 '범인 열 사람을 놓치더라도 억울한 한 사람이 생기도록 해서는 안 된다' 라는 말이 있지 않은가.

감사인의 자세

감사는 감사 업무를 담당한 직원이 수행한다. 대내외적으로 자질이 검증되고 우수한 직원이 감사를 맡아야 하는 것은 기본 중의 기본이다.

자질도 우수해야 하지만 다른 직원들의 모범이 되어야 한다. 그렇지 못하면 다른 직원들이 감사 결과에 승복하기 어렵다. 아마 마음속으로는 '너나 잘 하세요!'라고 할 것이다.

회사 직원들의 기강을 바로 세우려면 감사실 직원부터 모범이 되지 않을 수 없는 법. 그래서 처음부터 평소에 모범적이고 우수한 직원이 감사실 추천대상이었다.

그러나 그 정도로 만족할 수가 없었다. 무엇보다도 투철한 정신 자세가 정립되어야 한다. 나는 그것을 증명하라고 요구했다. 바로 '감사인 선서'를 통해서.

누구나 감사실로 발령이 나면 감사 앞에서 선서식을 치르도록 한 것이다. 감사와 마주 선 신입 검사역들은 모두 오른손을 들고 맹세한다.

"본인은 감사실에 부임함에 있어 청렴·공정·겸허한 자세로 직무에 임할 것을 다짐하며, 만약 검사역으로서의 품위를 손상할 경우에는 어떠한 문책도 감수할 것임을 선서합니다."

비록 간단한 의식이었지만 검사역들은 이를 계율로 여기고 몸가짐을 다잡았다. 마치 그 계율을 범하면 지옥에라도 떨어질 것처럼 말이다.

우리끼리 치르는 의식이지만 모두가 엄숙하다. 단순한 형식이 아니라는 긴장감이 팽팽하게 감사실에 넘쳤다. 스스로에 대한 다짐이지 누구 보라고 하는 쇼가 아니었다.

나는 감사인 선서를 시작한 후에 감사실 직원들의 정신 자세가 어딘지 모르게 달라졌다고 확신한다.

그리고 다른 동료들에게 비판의 칼을 겨누기 전에 자신에게 먼저 엄격하기를 주문했다. 그것은 바로 내가 감사실 직원들에게 요구한 첫 번째 계명이기도 하다.

감사인이 지켜야 할 본분에 대해 좀 더 설명이 필요하다. 감사의 목적을 달성하기 위해 절대 빠져서는 안 될 가장 기본적인 조건이기도 한 때문이다.

감사인의 사명은 무엇인가? 회사 경영의 목표와 방향에 위험이 되는 요소를 제거하여 최종적으로 회사의 비전을 실현하는 것이다. 단순히 규정 위반만을 적발하거나 잘못을 저지른 직원들을 벌하는 것으로 그쳐서는 안 되는 이유가 바로 그것이다.

따라서 모든 직원들이 같은 사명감을 공유하도록 만들어야 성공한 감사가 되는 것이다. 그러기 위해서는 감사인이 지켜야 할 사항들이 있다.

첫째, 감사인 자신이 직원들의 모범이 되어야 한다.

사생활이 문란한 이가 감사인이 된다면 신뢰를 얻기 어렵다. 아무리 유능하다 해도 그런 직원은 감사실에 적합하지 않다. 자신에게는 관대하고 남에게는 엄격하다면 신뢰를 얻을 수가 없는 것이다.

둘째, 인격적·업무적으로는 물론 외적인 용모와 복장도 단정하여야 한다.

업무 성격에 따라 복장은 달라진다. 출퇴근 시간이 엄격해야 하는 직장에서 용모와 복장이 너무 자유로우면 어울리지 않는다. 복장은 기강과 직접적인 관계가 있는 형식이라 할 수 있다.

미국에서 MBA 코스를 밟던 시절 드레스 코드(Dress Code: 복장 등급)에 대한 미국인들의 의식을 접한 적이 있다. 클래식 음악회나 대학원장 초청 만찬에서는 클래스 A, 즉 넥타이를 맨 정장이어야 한다. 만약 지켜지지 않으면 입장 자체가 거부된다. 심지어는 넥타이와 정장을 비치해서 채 준비하지 못한 사람들을 배려하기도 한다. 그만큼 형식과 복장이 정신자세와 모임의 수준에 영향을 미친다고 믿는 것이다.

컴퓨터 프로그램 개발처럼 창의성이 요구되고 고객과 격리된 직장이라면 용모와 복장에 신경 쓸 일이 없다. 그러나 우리 회사 같은 금융기관은 다르다. 창의성보다는 엄격한 규율이 우선적으로 강조되어야 한다.

규정이 있되 지키지 않는다면 회사 업무는 속된말로 개판이 된다. 그런데 이들을 감사할 감사실 직원이 제멋대로 옷을 입고 행동한다면 어떻게 될까?

셋째, 피감사자의 인격을 모욕하는 일이 있어서는 안 된다.

직원들에 대한 태도에도 유의해야 한다. 검찰의 검사와 감사실의 검사역을 맡은 직원이 하는 일이 비슷하다. 그러나 환경은 전혀 다르다.

검사는 피의자나 참고인들을 전혀 모르는 상태에서 수사를 해야 한다. 그러므로 때로는 고압적이고 권위적인 자세가 용납될 수 있다. 수사기법의 하나인 때문이다.

하지만 감사실 직원은 입장과 환경이 다르다. 만약 같은 회사 동료끼리 그런 고압적인 태도로 감사를 한다면 어떤 반응을 할까? 아마 감사를 받는 동안 자존심에 큰 상처를 입을 것이다.

처음 보는 직원이라도 평소의 인간 됨됨이를 파악하는 것은 순식간이다. 더구나 검사와는 달리 검사역은 감사실을 떠나면 벗어야 할 완장이다. 자신의 미래를 위해서도 거만한 태도는 전혀 도움이 되지 않는 것이다.

그러나 인간이란 자칫 완장을 차면 어깨에 힘이 들어가기 쉽다. 무의식중에라도 그런 태도는 본인뿐 아니라 감사실 전체에 누를 끼친다.

감사인은 업무에 대한 탁월한 실력과 철저히 조사한 증거를 바탕으로 객관적 신뢰를 먼저 확보해야 한다. 감사를 받는 직원은 감사인의 실력을 인정할 때 자신의 잘못을 깨닫고 동의한다. 또한 감사를 받으면서 자연스럽게 직무에 대해 보다 자세히 알게 되고 배우게 된다.

따라서 감사인은 부정과 비리를 캐는 일만 하는 것이 아니라 직원들의 직무 수행능력도 높이는 과외선생과 같다고 할 수 있다. 그래서 나는 현장감사를 나가는 검사역들에게 시어머니처럼 잔소리를 했다.

"여러분은 얼마 전까지 피감사인들과 같은 직원의 신분이었습니다. 앞으로 감사실을 떠나면 그 동료들 곁으로 돌아가야 합니다. 조금이라도 피감사인의 인격을 모독하는 일은 없어야 합니다. 친절하고 겸손한 자세로 대하세요. 우리에게 가장 중요한 것은 피감사인의 신뢰를 얻는 것입니다. 철저하게 조사하려면 그들의 협조가 무엇보다 필요합니다."

마지막으로, 감사인은 개별행동을 금하고 적정선을 넘지 말아야 한다.

검사역은 감사를 하기 위해 업무상 지방으로 출장을 가는 일이 많다. 사람이란 외지에 가면 마음이 풀어지기 쉽다. 복잡하고 무거운 머리를 식히기 위해 저녁식사 후에 맥주 한 잔이라도 하고 싶을 것이다.

이때 피감지점의 직원들과 어울릴 가능성이 있다. 본사와 지점에 근무한다는 차이는 있지만 평소에 잘 알고 지내는 직원들이 왜 없겠는가? 하지만 그러다 보면 간단한 식사가 향응의 단계로 이행되기 쉽다. 설령 함께 술만 마시고 헤어졌다고 하더라도 구설수에 오를 수가 있다.

그러므로 현장감사를 할 때는 일체의 개별행동이나 향응을 금해야 한다. 또한 심심하다고 주변의 불건전한 오락에 손을 대서는 안 된다. 스스로가 풀어질 수 있기 때문이다.

감사지역을 이탈하여 외부인을 만나는 것도 금물이다. 진위 여부를 떠나 오해를 받는다. 설혹 근처에 처가나 업무와 무관한 친구가 있어서 방문한다고 해도 그곳에서 지점의 직원과 만날 수도 있기 때문이다.

나아가 사례나 증여가 있어서는 더더욱 안 된다. 특히 문제의 직원이 지적을 면하기 위해 금품을 제공하는 경우, 이를 거절하는 것은 물론 숨김없이 감사실에 보고해야 한다.

무엇보다 중요한 것은 비위 사실을 적당히 조사하거나 은폐하여 처벌을 경감토록 유도하는 것이다. 이는 다른 어떤 행위보다 무거운 직권남용이다. 만에 하나라도 그런 일이 벌어지면 이유 여하를 막론하고 감사실에서 즉시 퇴출시켜야 한다. 이를 용납하면 감사실은 문을 닫아야 옳다.

이러한 가능성을 차단하기 위해서는 복수의 감사조 운용이 기본이다. 단독으로는 유혹을 받기도 쉽고 인정이 작용할 여지가 생긴다. 따라서 반드시 2인 1조의 팀으로 조사에 임해야 한다. 그리고 철저한 조사 후에 감사의 처분 범위를 정하는 것이다.

만약 조사 자체를 철저히 하지 않으면 먼저 의심을 사게 되어 있다. 조사 과정에서 그런 기미가 보이는지를 반장은 예의 주시해야 한다. 나중에라도 그런 사례가 발견되면 그에 대한 인사상 불이익은 영원히 따라다니게 마련이다. 결코 감사실에는 올 수가 없고 오히려 감사의 주목 대상이 되기 십상이다.

따라서 감사인은 오직 당일의 감사 과정을 평가하고 다음날의 감사 계획을 세우고 실행할 의무만 있는 것이다.

나는 이 같은 사항을 늘 강조하고, 위반시에는 모두 반장이 책임지도록 했다. 다행히 내가 감사로 재직하던 기간 중에 이런 사건은 단 한 번도 일어나지 않았다.

첫 단추를 잘 끼우지 않으면 다른 단추도 제대로 끼울 수 없는 법. 기본사항을 철저히 지키고 감사 업무를 확실하고 정확하게 수행하도록 한 결과이다. 그리고 그런 풍토를 만드는 것이 바로 감사가 할 일이다.

감사인의 집단의식화

감사실 직원들은 직급의 상하를 막론하고 같은 생각을 가져야 한다. 그러나 현실적으로는 각자 개성이 다르고 인정도 차이가 있으니 같을 수가 없다.

이렇게 서로 다른 시각의 차이를 극복하고 감사 업무에 관한 한 붕어빵처럼 같아져야 한다. 직무에 대한 해석이나 처벌의 경중을 막론하고 기본자세와 철학을 공유해야 하기 때문이다.

직무에 대한 해석이 다르면 처벌도 들쭉날쭉하게 된다. 잣대가 다르면 형평에 어긋나게 마련이다. 감사 개인의 철학이 아니라 감사 업무 본연의 이념과 목표가 변해서는 안 된다.

아주 사소한 규정이라도 이를 지키려다가 오히려 회사에 손해를 입히거나 업무에 지장을 초래할 수도 있다. 하지만 이를 결코 나무랄 수가 없는 것이다. 직원은 규정을 지키려 애썼을 뿐이니까.

그러나 경영 목표가 상위개념이라고 믿는 조직 문화라면 오히려 작은 규정 위반이 옳은 선택으로 평가될 수도 있는 것이다. 그리고 그 규정은 현실 여건을 충분히 반영하지 못한 것으로 치부되어 새로운 제도적 보완 대상이 되어야 한다.

이러한 선택은 개인이 마음대로 할 수 있는 것이 아니다. 감사의 철학이기도 하지만 합목적적인 감사 이념으로 자리매김을 해야 한다. 그리고 구체적으로 어느 경우가 합목적성에 부합되는지 검사역 모두가 동의하고 공유할 대상을 정해야 한다.

나는 연말이나 연초가 되면 주말을 이용하여 감사실 직원 모두가 연수원에서 집단 연찬회를 갖도록 했다.

밤늦도록 이야기를 나누고 토론하는 과정에서 자연스럽게 감사실 전체의 의식은 붕어빵이 되어 갔고, 직원간의 유대감도 강해졌다. 그럼으로써 어떤 유혹에도 흔들리지 않고 서로가 끈끈하게 묶여지기를 바랐던 것이다.

또 하나 중요한 목적은 감사요원들의 업무적 지식을 업그레이드시키고자 함이었다. 이를 위해 본부 각 부서의 실무 책임자가 강사로 나서서 담당 업무를 일목요연하게 설명토록 했다.

평소에 잘 안다고 생각하지만 막상 감사 과정에서 오류나 인식 부족으로 일의 차질을 빚을 수 있다. 따라서 연찬회를 통해 담당 부서의 제반 실무를 종합적으로 정리하는 것은 좋은 기회라 할 수 있었다.

집행부서 역시 역지사지(易地思之)로 감사실의 입장을 이해하게 되니 오해를 예방할 수 있었다. 집행부서는 자칫 감사업무에 대한 피해의식이 잠재되어 있어 감사라고 하면 무조건 방어적이고 부정적으로 생각하기 쉬운 것이 대부분 오늘날의 직장 현실이 아니던가?

집행부서와 감사실은 피차에 감시와 견제가 필요한 관계지만 그렇다고 서로 배척하는 처지가 되는 것은 결코 바람직하거나 옳지 않다. 하늘을 나는 새가 날개 하나로 나는 것을 보았는가? 서로 상대방을 인정하고 존중하는 조직이 되어야 회사 전체의 이익과 발전이 실현되는 것이다.

그러므로 감사실과 집행부서는 강한 동반자 의식이 있어야 한다. 따라서 집행부 간부들과의 연찬회 회동은 감사실과 집행부서 간의 진솔한 소통의 장이 되기에 더 없이 좋은 기회였다. 또한 공식적인 계통감사가 아니더라도 현재 진행 중인 제도 운용의 문제점을 감사 과정에서 발견하여 집행부서 책임자들과 토론할 수 있는 계기도 되었다.

이런 과정을 통해 의식이 투철하고 실무 지식이 풍부한 검사역들이 다듬어지고 양성되었다. 평소에도 자질이 우수하고 모범적인 직원들이었지만 합동 연찬을 마친 후의 모습은 거듭난 무적의 전사처럼 보였다.

나는 첫 시간에 연찬의 필요성에 대해 강조했을 뿐 전혀 토론에 개입하지 않았다. 그리고 모든 일정을 마친 검사역들이 감사 앞에 모여 연찬의 종료를 보고할 때에야 그들을 만났다. 눈빛부터 달라진 그들의 얼굴에는 밤샘한 피로의 흔적이 조금도 없었다.

"우리 검사역들이 대학 때 MT하는 기분을 낸 모양입니다. 너무 치열하고 진지해서 저도 놀랐습니다."

보고하는 감사실장의 얼굴에도 홍조가 피어올랐다. 그 역시 연찬회의 성과를 가슴 깊이 느낀 듯했다.

감사실은 최고 대우를 해야 한다

감사실의 목표와 실적은 어떻게 계측하는 것이 합리적인가? 과연 어떤 기준으로 정하는가? 감사 결과, 적발된 부정과 비리가 없다면 좋은 일이나 감사실은 놀고먹은 셈인가?

집행부와 감사실의 업무는 전혀 성격이 다르다. 그래서 나는 가끔 사정기관의 평가에 대해 의문을 가질 때가 있다. 죄질이 고약한 범죄 사건을 해결한 것과 조무래기 잡범을 여러 명 잡은 것은 차원이 다르다. 모든 업무를 계량화할 수 없기 때문에 평가에는 늘 불평이 따르게 마련이다.

특히 감사업무는 집행부와 정반대의 성격을 가진다. 집행부는 많은 실적을 높이 평가하지만, 감사실은 실적이 많다고 좋아할 일도 아니다. 감사실의 목표는 비리와 부정을 적발하면서도 예방하는 것이 더 바람직하기 때문이다. 그런데 예방은 실적에 잡히지 않는다. 비리와 부정을 예방하기 위한 많은 수단과 조치가 있을 뿐이다.

그런 의미에서 나는 감사실을 회사 내에서 최고의 대우를 하라고 권한다. 요즘 회사들은 부서별 평가로 직원들에게 인센티브를 정한다. 이때 감사실은 집행부와 같은 잣대로 평가하지 말라는 것이다.

감사실 직원들은 한솥밥을 먹는 동료 직원을 처벌해야 하는 심적 부담이 매우 크다. 전혀 알지 못하는 범인들을 다루는 사정기관과 다른 점이다. 그들이 무엇 때문에 직장 동료에게 불이익을 줘야 하는가? 회사의 이익을 위한다는 대의가 아니면 감히 할 수 있는 일이 아니다.

하지만 보이지 않는 자기 헌신을 무엇으로 보상을 받는가? 인센티브로 보상할 성질도 아니다. 바로 자존심과 자부심이다.

만약 그러한 희생과 헌신을 회사가 외면한다면 감사인의 자부심은 여지없이 무너지고 만다. 인센티브는 자존심을 살리는 충분조건이 아니라 필요조건에 불과하다.

나는 나중에 감사실 직원들에 대한 평가가 크게 낮아졌다는 소식을 듣고 탄식했다. 감사실이 더 이상 우수하거나 모범적이지 않다는 말과 같기 때문이다.

그저 그런 대접을 받는 감사실이 인기가 있을 리 없다. 욕을 먹으면서까지 동료들을 조사할 이유가 사라진다. 대충 조사하고 처벌도 적당히 하면 된다면 감사실은 존재 가치를 상실한 것이나 다름없다.

이렇게 되면 아무리 감사를 허술하게 해도 회사의 부실과는 직접 연관성을 찾아내지 못한다. 부실이나 손해가 막심하다고 감사실 직원들에게 책임을 물을 수도 없다.

바꿔 말하면 철저하고 엄격한 감사로 손해를 예방했다 하더라도 증거가 없다. 사실 회사는 그런 감사 덕분에 큰 이익을 봤어도 이를 간과한 것이다. 그까짓 인센티브 몇 푼에 비할 바가 아니다.

예를 들면, 내가 사전에 골라냈던 신용불량 대기업의 지원 규모는 수십억 원에서 백억 원대에 이른다. 만약 거르지 않고 지원했더라면 부실의 위험이 매우 높았다.

그러나 그런 일이 있다 해도 감사의 공로라고 알아주거나 증거가 남는 것도 아니다. 지원 명단에 올랐다가 제외한 과정만 내부 감사에서 드러났을 뿐이다.

사전감사로 많은 이익을 냈다고 단정할 근거가 전혀 없다. 아무리 신용불량 기업이라도 그 기업을 지원한 후 반드시 부실이 되리라는 법도 없기 때문이다.

이와는 반대로 사전감사에서 그 기업을 빼지 않고 지원을 했다가 부실이 발생했다고 해서 감사에게 책임을 물을 수도 없다. 이러한 이유로 담당자는 정책 실패의 책임을 교묘하게 벗어나기도 한다.

이렇듯 집행부의 이익은 눈에 보이지만, 감사의 실패로 나타나는 손해는 보이지 않는다. 그러므로 회사의 특성상 비리나 부정으로 회사의 손익이 영향을 많이 받을수록 감사실의 중요성은 커진다.

그런 회사에서 감사실을 다른 집행부서와 동급으로 놓고 보는 경영자는 자질이 의심스럽다. 의식이 부족하거나 도덕불감증 환자나 마찬가지다. 감사 업무를 자기에 대한 견제와 불편으로만 여기는 때문이다.

이를 모르는 사장이나 감사가 만든 실패작이 바로 감사실을 우수마발(牛溲馬勃)로 만든다. 결국 따지고 보면 사장이나 감사의 경영철학이 관건이다. 그러니 내가 재임하던 때의 감사실이 '전설'이 된 것이다.

누가 뭐라 해도 나는 감사실을 무조건 최고로 대우를 하는 것이 옳다고 주장한다. 집행부는 부서별로 같은 잣대로 잰다. 그러나 감사실은 전혀 다른 잣대로 재는 것이 합리적이다. 혼자 뛰었으니 무조건 일등이 아닌가?

사장 이하 임직원들이 이를 받아들이면 좋은데 그렇지 못하면 사장과 감사는 갈등을 겪는다. 감사실이 실적 위주로 나가면 누가 제일 고달플까? 일반적으로 갈등으로 발전할 것이 뻔한 데도 어리석은 집행부가 감사실을 질시하는 경우가 적지 않다.

만약 반대로 감사실을 우수마발로 여긴다고 가정해 보자. 우수한 직원은 감사실로 갈 생각을 하지 않는다. 대접이 문제가 아니라 자존감을 잃는 때문이다. 우수한 직원이 아니면 검사역의 권위는 형편없이 무너지는 것이다.

감사인이 피감사자보다 못한 경우 누가 그의 결정에 승복을 할까? 다툼이 끊이지 않는다. 결국 부실 감사로 인해 회사 전체는 어떤 위험에 노출될지 모른다.

이런 악순환을 끊기 위해서는 무엇보다도 감사실의 권위와 신뢰가 우선이다. 권위와 신뢰는 거저 얻어지는 것이 아니다. 우수한 직원이 소신껏 감사할 수 있는 바탕이 마련되어야 한다.

감사는 이런 바탕을 마련해야 우수한 검사역들을 조련할 수가 있다. 어떤 회사도 이런 전통이 없으면 부실로 가기 십상이다. 그런 곳에는 부정과 비리가 판을 치게 마련이다. 견제와 균형은 어느 곳에서도 최선의 선택인 것이다.

물론 사람에 따라서는 감사가 필요 없는 최고경영자도 있다. 최고경영자를 비롯한 임원진이 스스로 엄격하고, 집행부 자체가 투명하게 일을 한다면 금상첨화다. 그러나 그런 사람을 찾을 확률은 매우 희박하다. 대부분의 경우 견제가 없으면 독주하고 부패한다. 그래서 말도 많고 탈도 많은 민주주의를 인간이 만들어낸 최선의 제도라고 하지 않는가.

나는 다행히 이 회사에 재임하는 동안 강직하고 투명한 사장들만 만났다. 그러니 당연히 사장과의 갈등이 없었다.

"이런 사장과 감사를 만난 것은 우리 회사의 복이다. 이때 우리는 회사의 새로운 전통을 세워야 한다. 지금 아니면 다시 기회가 없을지 모른다."

감사실장이 검사역들에게 입버릇처럼 강조했던 말이다.

감사를 통한 모범·우수 직원의 발굴

감사는 벌만 주는 것만이 능사가 아니다. 상도 줄 수 있어야 감사의 기능을 제대로 발휘한 것이다.

회사의 인사원칙은 신상필벌(信賞必罰)인데 상은 집행부의 몫이고, 벌은 감사실 차지가 되기 일쑤다. 그런데 집행부가 주는 상의 기준은 실적에 따른다. 목표를 얼마만큼 달성했느냐가 중요하다. 그 목표를 달성하기 위해 어떤 짓을 했는지는 다음 문제다.

그러나 감사는 다른 잣대를 가진다. 양적인 실적보다는 질적인 측면을 중요하게 여긴다. 회사를 위해 어떤 희생과 헌신을 했느냐를 따지는 것이다.

감사를 하다 보면 고유의 업무를 담당한 직원들의 의식과 자질을 엿볼 수 있다. 이는 감사 과정을 거치면서 얻게 되는 부수적 성과이다. 이를 통해 많은 것을 알 수 있으므로 절대 간과해서는 안 된다.

우수 직원이라고 표창을 받으면 승진이나 성과급에서 우대를 받는다. 그러므로 직원들은 실적 경쟁에 내몰리고 모두가 갈등을 겪게 마련이다. 그러나 생리적으로 무리한 실적을 올리지 못하는 직원은 좌절하기 쉽다.

포기를 하니 당연히 일의 능률도 오를 리가 없고, 무능력한 직원으로 낙인찍히게 되고 인사상 불이익을 겪게 된다.

이처럼 인사가 한 쪽으로만 기울면 오히려 회사 전체의 업무 환경이 혼탁해지고 만다. 이때 감사실이 우수 또는 모범 직원을 추천한다면 매우 의미 있는 일이 된다. 혼탁한 물을 맑게 하는 정화제(淨化劑)랄까?

그러면 이 같은 성향의 직원들도 의욕을 갖게 된다. 실적 경쟁 대신 다른 잣대로 평가받을 기회가 생긴 덕분이다. 나는 감사 과정에서 발굴한 우수한 인재들을 포상하도록 적극 추천했고, 이 같은 효과를 보았다.

어느 조직이나 양질의 직원이 많을수록 발전한다. 사회는 자칫 악화(惡貨)가 양화(良貨)를 구축하는 그레셤의 법칙(Gresham's law)이 작용하기 쉽다. 이로 인해 영악한 직원들이 재미를 보게 되면 양질의 직원들도 자칫 오염될 수 있는 것이다.

비리나 부정의 근원이 되는 제도적 허점을 찾아 고칠 수는 있지만, 직원들의 사기나 업무 능력을 제도를 통해 향상시키기는 힘들다. 그러므로 부여된 재량권의 한도 내에서 양질의 직원들을 양성하는 일이 매우 중요하다.

시중은행 감사들과의 모임

우리 회사 상품 가운데 시중은행에 위탁한 것이 있었다. 시중은행의 자체 판단을 믿고 맡긴 것이다.

상품을 위탁한 것은 시중은행의 출연이 있었던 때문이다. 위탁 업무로 인해 발생하는 손실도 따지고 보면 시중은행이 낸 출연금에서 집행하는 셈이었다. 그러니 손실이 많이 나면 출연금도 더 부담하는 수밖에 없었다. 소경이 제 닭 잡아먹는 꼴이다.

자동차 보험료가 비싸지는 이유도 마찬가지가 아닐까? 우리는 대체로 이런 원리를 잊고 산다. 눈앞의 이익이 우선이기 때문이다.

유럽 복지국가들의 재정 파탄을 막기 어려웠던 것도 같은 이유이다. 몰라서가 아니라 알면서도 갈 데까지 가기 때문이다.

매월 시중은행들의 사고 발생 통계를 접하다가 나는 더 이상 방치해서는 안 된다는 결론에 이르렀다. 우리가 직접 취급하는 경우와 시중은행에 위탁한 경우의 차이가 너무 컸던 것이다. 심사 능력의 차이가 아니라 주인의식의 차이가 아닌가 싶었다.

특히 한 은행의 사고율은 타 은행에 비해 너무 심하게 높았다. 아예 자기 은행의 부실을 우리가 위탁한 업무에 전가하지 않나 하는 의심마저 들었다.

나는 은행별 사고 통계를 최소한 해당 은행의 감사들에게는 공개하기로 했다. 시중은행 감사들에게 은행연합회관에서 오찬 간담회를 하자고 사발통문을 했다.

특정 은행에게만 문제를 제기할 성격도 아니었기 때문이다. 앞으로 어느 은행에 그 같은 현상이 일어날지 모를 일이었다. 물론 문제의 은행 감사에게는 각별한 주문을 했다.

"특감이나 면밀한 조사를 하면 어떤 직원들이 장난을 치는지 알 수 있을 겁니다. 어쩌면 특정 개인이 문제가 아니라 일반직원들이 대수롭지 않게 관행적으로 처리한 데서 원인을 찾을 수도 있어요. 자기 은행의 손실을 타 기관에 떠넘기는 것을 오히려 잘했다고 생각하기 쉽죠. 먼저 직원 교육이 필요할지도 모르겠습니다."

"……."

그 은행의 감사는 무척 난처한지 묵묵부답으로 회의를 마치고 돌아갔다. 그리고 얼마 후 내게 전화를 해왔다.

"감사님! 지난번 회의 때 너무 죄송했습니다. 회의가 끝나자마자 돌아와서 조사를 시켰더니 역시 감사님이 짐작하신 대로였습니다. 별로 잘못했다는 의식이 없더군요. 그래서 아예 문제가 있는 지점별로 제가 다니면서 직접 교육을 시키고 있습니다."

그런 일이 있은 후 정말 눈에 띄게 위탁 업무의 부실이 크게 줄기 시작했다.

사실 타 기관의 감사들을 모이라고 하는 것 자체가 오해를 받기 쉬운 일이었다. 속으로는 '제 까짓게 뭔데 오라 가라 해?'라고 욕을 할 수도 있는 것이다.

그러나 나는 문제 해결을 위해서는 외부 기관의 협조를 적극 구하는 것이 옳다고 여겼기에 그냥 시행한 것이다. 겸손과 진정으로 대하면 그리 우려할 일도 아니지 않은가?

결국 인간사 모든 일은 진심과 대화로 풀 수 있다는 생각이 들었다.

인맥(人脈)과 교맥(敎脈)

　우리 사회처럼 인맥을 중시하는 나라도 별로 없을 것이다. 학
연, 지연, 혈연에 심지어 신앙적 유대까지 영향을 미치니 말이다.
　MB 정권 내내 인사 때마다 인맥이 구설수에 올랐다. '고소영
(고려대, 소망교회, 영남 지역)', '영포 라인(영일군, 포항)', 'TK(대구, 경
북)' 등등 신조어도 많았다. 정치판이 이미 동서로 갈라져 지역 정
당이 고착된 상태니 더 이상 말할 필요도 없다.

　나는 자칫 개인의 신앙 활동마저 위선이나 또는 교맥(敎脈)을
이용하려는 것으로 비쳐져 감사실의 신뢰에 흠집을 낼까 염려했
다. 그래서 신우회 단독이 아닌 노조와 여직원협의회를 결식아동
돕기 행사에 포함시켰다. 나아가서는 종교적 문제로 조금이라도
오해를 받지 않도록 신중한 처신을 했다.

그러던 어느 날, 특감 결과 문책이 불가피한 모 지점장이 내 사무실로 찾아왔다. 그런데 그는 들어오자마자 테이블에 앉아서 두 손 모아 기도를 하는 것이 아닌가?

"B지점장도 교회에 나가십니까?"

"예, 오래 되었습니다."

"그런데 무슨 일로 저를 찾아 오셨나요?"

뻔한 일이지만 개별적으로 감사를 만나려는 의도를 물었다.

"알고 보니 감사님도 크리스천이라고 들어서 반갑고 솔직히 말씀드려도 되겠다 싶어서 찾아뵙기로 했습니다."

"감사 중에 아직 밝혀지지 않은 부분이라도 있나요?"

"예, 솔직하게 말씀을 드리면 전에 계시던 사장님께 누가 될 듯 해서……."

결국 자기 잘못이 아니라 불가피하게 전임 사장의 입장을 고려해서 조치한 일이라는 뜻이었다. 그런데 지금에 와서 혼자 불이익을 당하게 되었으니 억울하다는 말이었다.

"조사가 미진했다면 더 자세하게 실상을 파악하도록 조치를 하지요."

"그게 아니라… 제가 감사님께 사실대로 말씀을 드린 것이니 선처를 부탁드립니다."

"글쎄, 사실인지 아닌지는 객관적으로 조사를 해야 알지 않겠어요?"

"……."

난감한 표정을 짓는 그에게 말했다.

"만약 내가 지점장의 말만 듣고 이 사건을 덮기라도 하면 어떻게 되겠어요? 나는 더 이상 감사 노릇을 못할 겁니다. 세상에 비밀이 어디 있나요? 그리고 같은 크리스천이니까 하는 얘기지만 교회 다니는 사람이 욕을 먹는 것은 예수님을 욕보이는 짓이지요."

순수한 신앙이 아니라 특정한 목적을 가지고 교회에 다니는 사람들이 적지 않다. 성경에 '알곡과 가라지를 구별하라'는 말씀이 있다. 그리고 열매를 보고 나무를 분별하라고 가르친다. 하는 짓을 보면 어떤 부류의 사람인지 알 수가 있는 것이다.

신앙인이라면 더더욱 조심해야 하거늘… 얄팍한 유대를 이용하여 득을 보려는 것은 종교인의 자세가 아니다.

내가 감사로 처음 취임했을 때 사고가 터진 곳이 바로 대통령 출신 지역이었다. 정치적으로 예민한 대통령 출신 지역의 정부 산하 금융기관은 외압의 대상이 되기 십상이다. 누구라도 조금의 연줄만 있으면 정치적 위세를 내세워 지점장을 괴롭히려 드는 것이다.

사고의 규모도 컸고, 이면에는 말 못할 사정을 안고 있는 것이 당연했다. 검찰에 고발한다고 해서 부실이 메워지는 것도 아니었다. 더구나 내부감사로는 아무리 철저히 조사를 해도 배후 세력까지 밝히기는 현실적 한계가 있었다.

'어떻게 이 문제를 풀어야 할까?'

나는 궁리 끝에 해당 지점장을 배짱 두둑한 인사로 대체하기로 하고, 특감이 끝난 후 사장에게 지점장 교체를 요구했다. 그리고 현지 출신이면서 적당한 인물을 고르도록 했다.

일부러 현지 출신을 기용한 것은 외지인들에 대한 모함을 피하기 위해서였다. 외지인을 보내면 토착 세력들은 현지 실정을 몰라서 문제가 생긴다고 압박한다. 그리고 정권의 실세를 들먹이며 협박을 할 수도 있다. 당사자는 정말 실정을 모르니 겁을 먹고, 토착세력들은 마음대로 횡포를 부리는 것이다.

그러나 현지 출신은 최소한 옥석은 가릴 수 있다. 다만 서로 선후배 사이라 인맥으로 인한 부담은 따랐다. 그래서 소신과 배짱이 있는 인물이 필요했다. 유혹을 이겨내고 협박을 견뎌내자면.

새로 부임한 지점장에게 전화를 해서 알아보니 무척이나 시달리는 듯했다. 아무리 소신과 배짱이 있더라도 지속적인 공세에는 휘둘릴 수밖에 없는 일. 아무래도 울타리가 있어야 할 모양이었다.

마침 그 지역을 관할하는 검사장으로 대학 동기가 부임했다. 그래서 어쩌면 같은 고민을 하고 있을지도 모르는 그 친구와 상의하기로 했다.

"아무래도 자네 의견을 듣는 게 좋을 듯싶어 전화했네. 대통령 출신 지역에 있는 우리 지점에 귀찮은 청탁자들이 드나드는 모양이야. 범법 사실이 있다면 검찰에 고발하면 되겠지만 그런 것도 아니고… 하지만 업무에 지장이 적지 않으니 좀 도와 줄 수 없겠나?"

"알았어. 관할 지청장에게 자네를 소개할 테니 자세하게 설명을 하고 어떻게 협조할 수 있는지 같이 상의해 보게."

나는 곧 관할지역 본부장과 지점장을 대동하고 지청장을 찾았다.

"검사장님으로부터 말씀 잘 들었습니다. 사고나 위법을 미리 예방하시겠다니 적극 도와드리겠습니다."

"제 생각으로는 수사과장이 저희 지점장과 항시 연락할 수 있는 창구 역할을 해주면 좋겠습니다. 수사과장은 업무 특성상 지역 내 불순분자들을 파악하기 쉬운 위치이실 테니까요."

지청장은 곧 수사과장을 불러 지점장과 인사를 시켰다. 그리고 우리가 검찰의 협조를 받아야 하는 취지도 설명해 주었다.

그 후로 수사과장은 수시로 지점에 들러 지점장의 의견을 듣고 협조를 아끼지 않았다.

얼마가 지나 해당 지역 지점장의 연락을 받았다.

"검찰이 지켜보고 있다는 소문이 도니까 일하기가 아주 편해졌습니다."

보고하는 지점장의 음성에서 일이 잘 풀리고 있음을 알 수 있었다.

"잘 되었군요. 하지만 검찰 백 믿고 너무 오만하게 보이지는 마세요. 그리고 정치적 배경을 들먹이며 유혹하는 사람들도 조심하시고. 지점장으로 재직하는 동안 그 지역을 수비하는 골키퍼라고 생각하면 됩니다."

다행히 그 후에는 오해받을 만한 별다른 사고가 없었다. 역시 위험은 미리 대처하는 것이 상책이었다.

소 잃고 외양간 고치기보다는 미리 울타리를 손보는 것이 훨씬 쉬운 일 아닌가.

우연히 발견된 범죄조직

사이버 감사 기법을 개발한 후, 이를 더욱 발전시키기 위해 여러 가지 방법을 시도해 보았다. 특히 지점 간에 어떤 연관성이 있는지 종횡으로 검증을 했다.

그 전까지는 지점 내에서 발생한 사건에 국한하여 감사를 할 수밖에 없었다. 그래서 금융사고가 발생하면 그 기업에 한정된 부실 원인만 들여다보기 마련이었다. 그래서 기업끼리 조직적으로 모의할 경우 자료만으로는 쉽게 파악할 수가 없었다.

그즈음 사기꾼 여럿이 모의하여 회사마다 다른 직책으로 등재한 후, 여러 지점을 대상으로 각각 다른 형태의 금융사기를 벌이려 한다는 첩보가 입수되었다.

사기꾼들 간에는 우리 S기금의 돈을 떼어먹지 못하면 사기꾼 반열에 끼지도 못한다는 우스갯소리가 있을 정도였다. 이런 소리를 들은 일반 기업인들도 으레 우리 회사 돈은 떼먹어도 괜찮은 것으로 치부하기 쉬웠다.

심지어 어떤 정치인은 중소기업을 위해 특별히 정부가 돈을 대주는 곳이라고 여기기까지 했다. 국민의 혈세를 퍼붓는 곳이니 당연히 공짜요 서로 나눠먹는 것쯤으로 아는 것이었다.

선량한 중소기업을 지원했다가 사업적 실패로 부실이 나는 거야 어쩔 수 없었다. 그러나 처음부터 사기꾼들에게 농락을 당한대서야 꼴이 말씀이 아니었다.

'어떻게 하면 이런 인식을 바꿀 수 있을까?'

고민을 하는 중에 사이버 감사 시스템을 전담하여 개발한 C과장이 상기된 표정으로 보고를 했다.

"감사님, 아주 이상한 징후를 발견했습니다. 몇몇 지점에서 일어난 사고의 유형이 비슷해서 추적했더니… 상대 회사는 다르지만 아무래도 한 조직인 것 같습니다. 특히 A지점장이 이동한 곳마다 이들 조직의 이름이 나옵니다."

드디어 금융사기단의 꼬리가 잡힌 것이었다.

"그러면 A지점장이 근무하는 지점에 대해 특감을 해보게. 조직을 일망타진할 수 있는 확실한 증거를 찾아야 할 거야."

나는 당장 특감을 명했다.

"A지점장은 평소 자기 관리에 꽤 신경을 쓰는 사람입니다. 특히 B임원이 아끼는 후배입니다. 현재 A지점장이 근무하고 있는 곳보다는 전에 근무했던 지점 한두 곳을 특감해보면 어떨까요?

그러면 눈치를 채지 못할 것 같습니다."

노련한 감사실장이 우회적인 방법을 제시했다. 만약 A지점장을 직접 겨냥하면 본부에 있는 B임원이 알게 되어 경계할 것이니 조심스럽게 움직이자는 뜻이었다. 하긴 타초경사(打草驚蛇)의 우(愚)를 범해서는 안 될 것이었다.

그때부터 특감과 내사가 은밀하게 진행되었다. 단순한 외부 사기 조직이 아닌 듯싶었던 것이다.

"역시 A지점장은 깨끗하다는 평판이었습니다. 평소에 직원들에게도 엄격하게 대했답니다. 조그만 선물도 거절할 정도로 주변 관리에 신경을 썼다고 합니다."

지점장에 대한 직원들의 평가도 듣던 바와 같았다.

"이번 특감을 통해 밝혀진 것은 기업 간의 위장 거래가 분명하다는 사실입니다. 전혀 터무니없는 거래를 하고 서로 어음을 주고받은 겁니다."

"그러면 왜 지난번에 이 지점을 감사하면서 이런 사실이 밝혀지지 않았지?"

나는 그 점이 의아했다.

"전에는 기업의 신용상태가 괜찮다고 평가를 받으면 다른 기업과의 거래 내용을 굳이 확인하지 않았으니 그런 것 같습니다."

사기단은 그런 내용까지 파악하고 있었던 것이다. 결국 내부자가 결탁하지 않고서는 일어날 수 없는 사고였다. 그렇다면 A지점장이 근무했던 전 지점의 사고를 샅샅이 조사하는 수밖에 없었다.

"A지점장이 그런 사람이 아니라면 뭔가 피치 못할 사정이 있는 게 아닐까?"

"만약 외부 사기단과 결탁했다면 오히려 이미지 관리를 철저히 했을 겁니다."

감사실장은 그 점이 더 의심스럽다고 했다. 따로 관리하는 조직이 고의적으로 금융사고를 내도 자신과는 무관하다는 것을 보여 주려는 전략이라고 본 것이다.

조사가 진행되면서 사기단 일당의 전모가 서서히 윤곽을 드러내기 시작했다.

"이번 사기단들은 진작부터 A지점장의 비호를 받아 금융 지원을 받았습니다. 새로 취급한 어음 보험 이전에도 계속 기업의 간판을 바꾸면서 거래를 했더군요."

역시 감사실장이 예상한 대로였다. 문제는 A지점장 배후에 있는 B임원이었다. 과연 어떤 이유로 B임원이 A지점장의 후견인으로 알려져 있는지 의문이 들었다.

"아무래도 단순한 사기사건이 아니라는 생각이 듭니다. 뭔가 조직적으로 이뤄진 것 같군요. 감사실장은 은밀히 두 사람의 관계에 대한 소문의 진상을 파악해 보세요. 그 다음에 이 사건에 대한 감사 방침을 정하는 게 나을 듯싶군요."

빙산일각(氷山一角)이라고 드러난 것은 일부일 뿐 물속에 감춰진 실체는 과연 얼마나 클지? 감사실 직원들은 모두가 긴장을 하여 소리 없이 움직이기 시작했다.

"이것 생각보다 대어급(大魚級)인데요. A지점장은 외부 사기조직과 연루되어 있을 뿐 아니라 또 다른 연계가 있는 듯합니다."

A지점장을 은밀히 추적·조사하던 직원들의 보고였다.

"또 다른 연계라니?"

"내부에도 분명 협조자가 있을 겁니다. 그렇지 않고서야 이렇게까지 할 수는 없거든요."

"외부뿐 아니라 내부에도 커넥션이 있다는 것이로군."

대체 왜 이런 일이 발생했는가? 바로 승진과 축재(蓄財)를 위한 먹이사슬이 생겨난 것이었다. 원인을 제공하는 측은 물론 정치권이었다.

정치인들은 지역 민원에 소홀할 수가 없다. 민원을 빙자한 모리배들의 압력에 동조하다 보면 소위 압력성 청탁을 거절할 수 없게 되는 것이다.

반대로 그런 청탁을 이용하는 무리가 내부에도 있었다. 청탁을 들어 주는 대신 정치적 배경을 이용하여 자신의 승진을 보장받으려는 의도였다. 이렇게 기브앤테이크(Give and Take) 식의 일이 반복되다 보니 공생관계가 성립된 것이었다.

임원의 경우는 손발이 없이 혼자 일을 벌일 수는 없다. 그러므로 승진을 미끼로 하수인을 찾는다. 눈치 빠른 이들은 이에 줄을 서기도 하는 것이다.

그러나 이 같은 공생관계는 단기간에 이루어지지 않는다. 그들 나름대로 신뢰가 구축되기까지 상당한 시간이 걸리는 것이다.

"B임원은 현 정권의 실세가 적극 뒤를 봐준다는 소문입니다. 지난번 승진도 정치권의 입김이 작용했다는 말이 있습니다."

감사실장의 보고가 아니더라도 지난번 승진은 그의 정치적 배경을 과시하고 증명하는 계기가 되었다고 할 수 있었다. 승진 순번도 아니었거니와 그의 승진에 아무도 토를 달지 않았으니 말이다.

상대를 알았지만 아무래도 선불리 건드릴 수는 없을 것 같았다. 특단의 대책을 준비하지 않으면 감사실 직원들이 거꾸로 당할 수도 있을 것이었다.

나는 감사실 직원들을 모아 논의를 했다.

"이번 조사는 무척이나 위험합니다. 자칫하면 우리가 다칠 수도 있습니다. 희생도 클 것이고, 무엇보다도 우리 감사실 직원들에 대한 보복도 감수해야 할지도 모릅니다. 감사실장의 생각을 먼저 듣고 싶습니다."

"저와 감사실 직원들은 이미 각오가 서 있습니다. 설사 불이익을 받더라도 결코 굴복할 생각이 없습니다. 언제라도 옷을 벗을 준비를 하고 일을 하겠습니다."

"감사님, 저희들은 걱정하지 마십시오. 오히려 저희들은 감사님께 어떤 불똥이 튈까 염려가 됩니다."

몇몇 직원들이 스스로의 결의와 각오를 토로했다.

"나야 낙하산으로 3년의 임기만 마치면 떠나는 뜨내기가 아닙니까? 하지만 여러분들은 이곳이 삶의 터전이니 계속 남아서 일을 해야지요. 어찌 여러분 염려를 하지 않고 이 일을 진행할 수 있겠소? 하지만 여러분들이 그런 각오를 가졌다면 나는 더 이상 할 말이 없소. 다만 감정이 앞서 일을 그르칠 필요는 없습니다. 현명하고 신중하게 조사를 해야 합니다."

나는 내심 이들의 충정과 정의감에 감동하지 않을 수 없었다. 감사실장이 감사실 직원들에게 다짐을 받았다는 말이 흔들리는 내 마음을 다잡는 족쇄처럼 나를 꼼짝 못하게 만들었다.

"지금의 감사님과 사장님이 계실 때가 아니면 우리가 다시는 이런 기회를 맞을 수 없을 것입니다. 이 기회에 우리 회사의 고질병을 고쳐야 합니다."

감사실장이 직원들에게 호소하는 이야기를 듣고 나 역시 마음을 다잡았다.

꼬리 자르기

A지점장에 대한 본격적인 특별감사가 진행되자 자연히 회사 내에 소문이 돌았다. 어차피 언젠가는 알려질 일이었다. 우리 감사팀은 그 전에 은밀한 조사를 마쳤기에 어느 정도의 확증을 잡고 특별감사를 시행했으니 문제될 것이 없었다.

그런데 소문은 빨라서 B임원과 A지점장이 자주 만난다는 말이 들려 왔다.

나는 아무래도 감사를 서둘러야겠다고 판단했다. A지점장을 직접 소환하여 추궁하도록 하는 한편 외부 사기단에 대해서는 자료가 수집되는 대로 검찰에 고발 조치하도록 했다.

A지점장은 감사실에서 조사를 받고 난 후 자신의 범행을 은폐할 수 없다는 판단을 한 모양이었다. 그는 서둘러 사표를 내고 해외로 도주하고 말았다.

소위 주범이 없으니 난감한 처지가 된 것은 감사팀이었다. 더구나 A지점장과 B임원과의 관계를 증명할 방법도 마땅치 않았다. 본인이 부인하면 그만 아닌가?

신문 사회면에 등장하는 꼬리 자르기가 따로 없었다. 꼬리는 없어지고 몸통은 드러나지 않았으니… 감사를 진행하기가 막막했다.

급한 대로 B임원의 관련성을 증명하기 위한 추가 조사를 하도록 하고, 우선은 A지점장과 결탁한 사기단부터 처리하기로 했다. 비록 내부 관련자는 도주했지만 다른 사기범들은 국내에 있으니 고발 조치를 한 것이다.

일단 한 가지를 처리한 후, 감사실도 숨고르기에 들어갔다. A지점장의 자술서를 바탕으로 입체적인 감사를 진행한 것이다. 거미줄처럼 복잡하게 얽히고설킨 인간관계와 거래 상황을 밝혀내는 일이었다.

감사가 진행될수록 그들의 조직적인 범죄 활동이 명백하게 드러났다. 만약 사이버 감사 기법이 아니었다면 과연 이번 사건이 밝혀질 수 있었을까? 나는 다시 한 번 사이버 감사 시스템이 얼마나 큰 성과를 거두게 했는지 새삼 확인하고 감탄했다.

느닷없는 표적감사

B임원에 대한 내부 조사가 조용히 진행되는 동안 느닷없이 감사원 감사가 시작되었다. 일반적인 정기감사가 아니었다. 사장의 직권 남용이나 비리를 표적으로 하는 감찰 차원의 감사였다.

우리 회사 내에서 감사원에 제보한 내용을 근거로 감사가 시작되었다는 말이 돌았다. 사장의 부친이 경영하는 회사에 부당한 금융지원을 했다는 혐의였다.

만약 그것이 사실이라면 내부감사는 허수아비가 된 셈이었다. 나는 즉시 감사실장을 불렀다.

"사장님의 부친께서 경영하시는 기업에 우리 회사가 금융지원을 한 사실이 있나요?"

"예, 얼마 전에 관할 지점장이 기업체를 방문해서 거래를 튼 모양입니다."

"사장님이 지시한 것은 아니었습니까?"

"사장님은 전혀 지시하거나 사전에 언질조차 주신 적이 없답니다. 그 회사는 원래 우리와 거래할 필요가 없을 정도로 건실한 것으로 알고 있습니다. 다만 지점장의 입장에서 거래 실적을 올리는 데 적합하다는 판단을 한 듯싶습니다."

"하지만 외부에서 보면 오해하지 않겠어요? 혹시 또 다른 문제가 없는지 확인해볼 필요가 있습니다."

아무래도 이상한 느낌이 들어 감사실장에게 추가적인 조사를 시켰다. 감사원도 단순히 내부 제보만으로 움직일 사안이 아닌 듯싶었던 것이다.

대단한 비리라고 판단할 사안이 아닌데 사정의 칼을 쉽게 휘두를 감사원이 아니지 않는가? 우리가 모르는 비리라도 있었는지 모를 일이었다.

감사원의 특별감사에 촉각을 곤두세우며 내부 감사실도 바쁘게 돌아갔다. 무엇보다도 사장의 부친이 경영하는 회사에 대해 자세히 알아봐야 했다.

그런데 감사실장은 그간 조사한 결과를 보고하면서 내부 임직원들의 동향이 이상하다는 것이었다.

"사장님 부친이 경영하는 회사는 아주 건실했습니다. 그 분은 독실한 천주교 신자이기도 해서 주로 성당 건축을 전문으로 하는 회사였습니다."

"그런데 어떻게 그런 제보가 있을 수 있습니까?"

"글쎄 말입니다. 담당 지점장도 너무 황당해 하고 자기 때문에 사장님이 곤란하게 되셨다고 무척 괴로워한답니다."

"누가 그런 터무니없는 악의적인 제보를 해서 감사원 감찰까지 받게 했을까요? 내부 제보자를 추적해 보세요. 아무래도 지점 내에서 불만을 가진 이의 소행 같으니까요."

나는 얼마 전 나의 동창인 지점장이 겪은 투서 사건이 기억났다. 지점장에게 보복을 하려는 팀장의 소행이 사건의 발단이지 않았던가? 혹시 지점장 개인에게 앙심을 품은 자일 수도 있었다. 하지만 그렇다고 해서 감사원이 움직인다는 것은 말이 되지 않았다. 감사원이 그렇게 호락호락한 기관인가.

"감사님, 소문이지만 이번에도 B임원이 관련되었다는 이야기가 있습니다."

"아니 뭐라구요? 무슨 근거로 B임원이 그런 제보를 했다는 겁니까?"

"감사원을 동원해서 감사를 할 만한 힘을 지닌 인물은 B임원밖에 없다는 거지요."

"그래도 감사 사유가 너무 빈약해요. 그런 정도의 비리도 아닌 것을 사건이라고 감찰을 하면 감사원 망신입니다."

분명히 우리가 모르는 어떤 사연이 있을 것이라는 판단이 섰다.

나는 감사원에 내부감사의 의견을 전달하기로 결심했다. 그동안 감사원과는 비교적 업무 교류가 많았고, 회사의 투명성과 내부감사의 질을 높이는 데 도움도 많이 받았다. 교류가 깊은 만큼 감사원의 우리 기관에 대한 신뢰도 크게 높아졌다. 따라서 내부감사가 의견을 제시한다고 해서 로비로 비쳐질 우려는 없다고 판단했다. 나는 선배를 직접 만났다.

"선배님! 이번 감찰은 번지수를 잘못 짚었다고 봅니다. 우리 회사 사장은 전혀 그런 부류의 인간이 아닙니다. 내가 겪어 봤지만 아주 청렴하고 인격적으로 모범적인 사람이에요."

마침 감찰 책임자가 잘 아는 선배였기에 솔직하게 불평을 털어 놓았다.

"그런 것 같군. 막상 감찰을 하면서도 별다른 문제가 드러나지 않아 우리도 좀 당황한 상태라네."

"잘 되었군요. 그런데 또 무슨 문제라도 있습니까? 뭘 그리 뒤질 것이 있다고 시간을 끄는 건가요?"

선배 역시 발을 잘못 담갔다는 표정이었다.

"그렇지 않아도 고민 중이야. 곧 끝내야 하겠지."

분명 감사원 독자적인 판단으로 감찰이 시작된 것은 아니라는 생각이 들었다. 어디로부턴가 강압적인 의뢰를 받았으리라는 생각이 들었다.

감사원의 독자적인 판단이라면 그렇게 궁색하게 감찰할 일이 아니었다. 선배와 이야기를 나눈 다음에 내 생각은 확신으로 바뀌었다.

통상적으로는 청와대의 의뢰로 감찰을 하는 경우가 많았다. 따라서 특별감찰 자체가 신분상의 불이익을 동반하게 마련이었다.

감찰을 받으면 당사자는 으레 옷을 벗는 것이 상례였던 것이다. 어쩌면 인사권자가 간접적으로 신뢰를 거두어들인다는 무언의 증표일 수가 있었다.

'아하, 사장을 뒤흔들려는 세력이 뒤에 있는 모양이군.'

생각이 여기까지 미치자 나는 조금 강하게 나가기로 했다.

"선배님, 죄 없는 사장 옷 벗겨서 좋을 것 없습니다. 감찰을 해서 죄가 없으면 없는 거지, 없는 죄를 만들기라도 할 셈입니까? 복잡하게 생각하실 이유가 없습니다. 빨리 결단을 내리세요. 괜히 쓸데없는 오해나 받기 십상입니다."

"……."

순간적이지만 선배의 얼굴에 매우 곤혹스런 표정이 떠올랐다가 사라졌다.

사장과 감사의 역학 관계

여기서 잠깐 곁가지에 해당하는 이야기를 하자. 내가 왜 이토록 사장의 감사건에 대해 집착하는지 설명하기 위해서이다. 이를 위해서는 우선 사장과 감사의 관계부터 정리할 필요가 있다.

사장과 감사는 과연 어떤 관계가 바람직할까? 물론 관계가 좋아야 한다. 하지만 그것은 감사보다는 사장의 성격과 스타일에 달린 부분이 많다.

감사가 보는 사장의 유형에는 아마 세 가지 타입이 있을 것이다.

첫 번째는 독불장군형이다. 감사를 오직 거추장스런 존재로 보고 압박하려는 타입이다. 자기가 하는 방향이나 방식이 옳다고 믿으므로, 감사는 사장인 자신이 하는 일에 방해꾼으로만 생각하는 것이다.

두 번째는 아부형이다. 감사를 달래서 자기 편으로 만들려고 한다. 여러 가지 편익을 제공하거나 필요 이상의 아부성 행태를 보인다.

세 번째는 공존형이다. 서로의 역할을 존중하고 회사의 공동 목표를 달성하기 위한 파트너로 보는 것이다. 굳이 감사를 견제하거나 또는 아부하지도 않는다. 이런 사장이 가장 바람직한 인물이며, 회사를 바르게 경영하는 자세를 갖추었다고 할 수 있다.

앞서 거론한 첫 번째와 두 번째 유형은 자기 이익이 앞서는 사람이다. 사리사욕을 채우려니 감사가 눈엣가시로 보이는 것이다. 그렇지 않으면 감사가 두렵지도 거추장스럽지도 않다.

다만 사장이 보는 감사의 성향도 문제는 있다. 감사가 권한을 남용하는 인물일 경우 사장을 필요 이상으로 견제하고 괴롭힐 수가 있다. 그러므로 감사가 어떤 성향이냐에 따라 사장도 달리 대응하기 마련이다.

내가 만난 지금의 사장은 바로 세 번째 유형이었다. 감사에게 아부를 하거나 지위로 억누르려는 것이 아니라 진정한 파트너로 존중할 줄 아는 사람이었다. 임원회의에서 여러 임원들의 의견을 듣고 마지막에는 꼭 감사의 견해를 물었다. 결코 독단적인 결정을 하지 않았다.

혹자(或者)는 자기 소신이 없거나 책임을 나눠지려 하는 약은 수를 부린다고 볼 지도 모른다. 그러나 사장은 나름의 경영철학이 분명했다. 자기 소신이 없어서가 아니라 소통의 중요성을 아는 사람이었다.

그가 내건 지식경영은 장기적으로 회사의 비전을 실현하는 데

꼭 필요한 방안이었다. 회사의 업무 수행능력을 업그레이드 시키는 데 지대한 역할을 할 것이었다.

당시 직원들 가운데는 '지식경영이라는 목표는 좋지만 쓸데없이 시간을 낭비할 수 있다'고 생각하는 부류도 적지 않았다. 바쁜 시간을 내서 자료와 정보를 축적해야 하기 때문이다.

그러나 이들이 축적한 정보와 자료는 지식으로 모아져 업무에 많은 도움을 줄 것이다. 다만 축적을 위해 투입되는 시간과 노력이 힘든 것일 뿐이었다. 미래를 예측하는 안목을 갖지 않았다면 결코 시도할 수 없는 일이다.

사장도 3년의 임기를 마치면 회사를 떠난다. 적당히 편하게 지내다가 임기를 마칠 수도 있다. 하지만 장기적인 비전을 가지고 자신도 힘들어 하며 회사 발전에 이바지하려는 사장에게 사심이 있을 리 없었다.

나는 회사를 위해서도 사장을 보호해야 할 책임감을 느꼈다. 따라서 감사원의 감찰 배경을 정확히 파악하기로 마음을 정했다. 마냥 방관할 일이 아니었다. 사장이 감사를 존중하니 감사도 그 사장을 위해 변호할 마음이 생겼던 것이다.

감사원에 의견을 전달하고 나서 얼마의 시간이 흘렀다. 그 동안 감찰 결과가 신통치 않았다는 사실이 확인되면서 사정이 점차 바뀌기 시작했다.

처음에는 사장에게 무슨 잘못이 있는지에 대해 의혹을 뒀지만 이제는 왜 그런 일이 벌어지게 되었는지가 관심의 초점이 되었다.

B임원에 대한 이런저런 소문이 들려 왔다. 소문의 핵심은 B임원이 사장 자리를 넘본다는 것이었다. 그의 정치적 배경이 대단하다는 이야기도 함께 돌았다. 오랜 동안 인연을 맺은 정치권력이 그를 튼튼하게 보호하고 있으니 함부로 건드려서는 안 된다는 메시지처럼 들렸다.

그런데 그 정치적 배경이라는 세력이 왜 굳이 B임원을 사장으로 미는가가 문제였다. 현 사장이 아직 임기도 다 채우지 않았는데 무리하게 밀어내려는 의도가 심상치 않았다. 추측컨대 사장이 임기를 채우기까지 기다릴 수 없는 급박한 사정이 있는 것 같았다.

나는 그 배경이 금융사기단 사건과 무관치 않다는 생각이 들었다. A지점장은 해외로 도피했지만 B임원과의 연루 의혹은 여전히 해소되지 않고 있는 때문이었다.

그렇다면 정말 큰일이었다. B임원이 사장을 노리는 목적이 금융 사기사건과 관련이 있다면 문제는 심각할 터였다.

"지난번 금융사기단들과 A지점장의 관계는 대체로 밝혀졌지만… B임원이 관련되었다는 증거는 아직 없지요?"

나는 감사실장에게 사건의 조사를 서두르도록 지시했다. 자칫하면 사건 자체가 검찰에 고발도 되기 전에 좌초될 위기에 처할 수도 있었다.

만약 사장이 자진사퇴라도 한다면 일은 엉뚱하게 전개될 수도 있었다. 감사원 감찰로도 안 되면 반대로 회유책을 쓸 수도 있기 때문이었다.

사장더러 골치가 아프면 더 좋은 자리로 영전을 하라는 데 반대할 이유가 없을 것이었다. 그리고 그 후임으로 B임원이 사장이 된다면 감사실이 어떤 지경에 처할지는 불문가지(不問可知)였다.

다행인지 불행인지는 모르지만 사장에게 그런 선택의 기회는 없는 모양이었다.

만약 내가 B임원이라면 아마 사장을 영전시키는 작전을 택했을 것이다. 소문처럼 막강한 배경을 가졌다면 말이다. 하지만 그들은 그저 사장을 밀어내는 것만이 최상의 방법이라고 믿고 있는 것일지도 몰랐다.

어쨌든 감사원 감찰에서 큰 하자가 없었으니 일단 한 고비는 넘긴 셈이었다. 그렇다고 안심하기에는 일렀다. 회사 내에서도 B임원은 아예 노골적으로 사장을 압박하는 분위기였고 점점 강세를 띠어 가고 있었으니까.

권력의 힘을 과시하는 모습을 보면서 나도 가만히 있어서는 안되겠다는 판단이 섰다. 무엇보다도 사장이 밀려나면 감사실 직원들의 운명도 보장할 수가 없기 때문이었다. 기껏 감사실 직원들을 독려해서 사기단을 잡아 놓고 직원들의 신변도 보호하지 못한다면 말짱 도루묵이 될 것 아닌가.

가만히 앉아서 죽기를 기다릴 수만은 없었다. 그러나 무슨 수로 권력의 힘을 막아낸단 말인가? 초조하게 사태의 추이를 지켜보는 것도 참으로 할 짓이 아니었다.

금융 사기단과의 연결고리

회사 안팎을 떠도는 소문에 의하면 B임원의 사장 취임을 막기는 쉽지 않아 보였다. 그렇다고 강 건너 불 보듯 할 수도 없었다. 아직 B임원과 A지점장과의 유착 관계를 증명할 끈을 발견하지 못한 상태이니, 그를 문책하자고 할 명분도 없었다.

'아마 B임원이 사장될 팔자인 모양이다. 그렇다면 우리 감사실 직원들을 어떻게 보호할 수 있을까?'

무엇보다 직원들의 안위가 걱정되어 나는 감사실장에게 속내를 밝혔다.

"만약 B임원이 사장이 되면 그간의 감사 결과는 물거품이 될 겁니다. 그보다 더 우려되는 것은 감사실 직원들이 자리를 지키기 어렵게 된다는 사실입니다. 인사권이 사장에게 있는 한 감사가 방어하는 데는 한계가 있거든요."

"저희들은 이미 각오가 되어 있습니다. 자리에 연연할 사람은 아무도 없습니다. 그 점은 염려하지 마십시오. 아무리 증거가 없다고 해도 B임원이 A지점장과 연루되었다는 것은 회사 대부분의 직원들이 알고 있습니다. 그런데 어떻게 우리 회사 경영을 맡도록 할 수가 있습니까? 어떠한 일이 있어도 B임원이 사장이 되는 일은 막겠습니다."

감사실장은 굳은 얼굴로 다시 한 번 강하게 소신을 밝혔다.

나 역시 아무래도 B임원 문제를 그냥 덮고 갈 수는 없는 일이었다. 지금까지의 직장 생활에서 이런 시련도 흔치는 않았다. 내 직장 생활에서 최대의 위기를 맞고 있는 셈이었다.

전전긍긍하던 중에 드디어 감사실의 안테나에 증거가 포착되었다. 오랜 가뭄 뒤에 단비를 만난 기분이었다.

"B임원과 A지점장의 유착관계를 증명할 수 있는 증언을 확보했습니다. 지금 구체적으로 사실 관계를 추적하는 작업을 하고 있습니다. 조만간 매듭이 풀릴 것 같습니다."

보고하는 감사실장의 얼굴이 유난히 환했다.

그러나 아직은 그 사실을 공개할 단계는 아니라고 생각했다. 증거란 있다가도 사라질 수 있는 것인 때문이다.

"아직 공개하지 말고 철저하게 보안을 유지하세요. 결정적인 순간을 기다립시다."

나는 다시 냉정을 회복하고 추가적인 증거 수집을 계속하면서 감사 보고서를 작성하라고 당부했다.

감사 보고서가 작성되는 동안 나는 한 가지 결론에 도달했다. 우선 B임원을 퇴진시켜야 한다는 것이었다. 그를 현직에 둔 채 검찰의 조사를 받기란 많은 장애가 있었기 때문이다.

그러나 고양이 목에 방울을 다는 격이었다. 현직 임원이자 사장 자리를 넘보는 든든한 배경을 가졌으니 쉽게 넘지 못할 벽이었다. 그 장벽을 그냥 두고서는 앞으로 나갈 힘이 부칠 것이었다. 자칫 역풍을 맞으면 감사 결과는 휴지 조각이 될 우려마저 있었다.

궁리 끝에 나름대로 은밀하게 관계 요로에 그의 자진사퇴를 종용해 보기로 했다. 역풍의 강도를 시험해 봐야 했다. 가짜인지 거품인지도 모를 상대에게 헛스윙을 할 필요는 없는 일 아닌가.

내가 누구와 무슨 이야기를 나눴는지를 상세히 밝히기는 어렵다. 상대는 사정기관의 책임자일 수도 있고, 주무부처의 실력자일 수도 있다. 다행히 당시의 권력층 내부에는 나의 개인적 인맥도 연줄이 되기에는 충분했다. 따라서 내가 그런 제안을 하는 것은 나름의 믿는 구석이 있었던 때문이기도 했다.

B임원을 검찰에 고발하기 전에 사퇴시켜야 하는 이유도 직접 전달하고 소통할 수 있는 기회도 가졌다. 결과적으로 나의 제안은 그들에게 사건의 진실을 알도록 하는 계기가 되었다.

한 쪽 이야기만 들으면 잘못된 판단을 하기 쉽다. 하지만 객관적인 자료와 실태를 알게 되면 아무리 강한 권력의지도 주저하게 마련이다.

"그리 큰 문제도 아닌 것 같은데… 자네가 너무 과민한 것 아닌가?"

"선배님께는 그리 큰 사건으로 보이지 않을지 모르나 우리 회사 내부의 직원들은 매우 심각하게 여기는 문제입니다. 단순한 사장 인사가 아니라 자칫 권력형 게이트로 비화할 수도 있습니다."

"사장이 내부에서 발탁되는 것은 오히려 조직에 좋은 동기부여가 될 텐데… 무슨 오해가 있을 수 있다는 말인가?"

"다른 문제가 없다면 저도 반대할 까닭이 없습니다. 그러나 그는 분명히 금융 사기단과 연루되어 있습니다. 그가 사장이 되려는 것도 그 사건과 무관치 않다고 봅니다."

B임원이 사건 자체의 파장을 잘못 알고 있을 수도 있고, 어쩌면 사기단과 깊이 연루되었을 가능성도 배제할 수 없었다. 자기가 얼마나 위험한 처지에 놓였는지도 모르고 단지 사장이 되기 위해 권력의 배경을 동원하는 것이라면 그나마 다행이었다.

그러나 사기단과 유착관계라면 회사의 운명은 심각한 위험에 직면할 것이었다. 소위 권력형 비리를 조직적으로 자행할 의도도 배제할 수 없었다. 기왕의 사건을 은폐하고 손실을 덮는 차원에서 그치는 정도를 뛰어 넘을지 모를 일이었다.

"이 사건은 사이버 감사가 아니었으면 발견하지 못했을 것이고, 더 큰 사기로 확대되었을 겁니다. 그나마 조기에 파악을 했으니 망정이지 방치했다면 얼마나 큰 손실이 발생했을지 모릅니다. B임원을 그냥 두면 마치 배후 권력이 비호해서 사건을 일으킨 것으로 오해를 받을 수 있습니다."

나는 눈에 보이지 않는 배후 권력을 상대로 요로에 경고를 하고 다녔다. 시간이 가면 검찰에 고발을 해야 하니 그 전에 B임원의 옷을 벗기라고 주문했다.

다행히 감사원의 사장에 대한 감찰 결과가 별 효력이 없자 사장의 입지가 다소 자유로워진 느낌이었고, B임원 문제도 맞물려 있으니 어쩌면 잘 풀리지 않을까 하는 희망도 보였다.

그렇게 바쁜 나날을 보내던 중에 사장으로부터 만나자는 연락을 받았다. 사장은 비교적 평온한 표정으로 내게 타협의 여지를 물어 왔다. 아마 자신에 대한 압박이 풀어지는 분위기라고 판단한 모양이었다.

"감사님, 조용히 B임원을 만나 보시면 좋겠습니다."

"B임원이 그런 부탁을 하던가요? 필요하면 언제라도 만날 수 있는데 왜 직접 제게 의사 표시를 하지 않나 모르겠군요."

"아마 저를 통하는 것이 편해서 그런 것이겠지요. 제가 보기에 그리 나쁜 의도는 아닌 듯합니다. 그러니 한 번 만나 보시지요."

사장에게 중재를 요청한 것을 보니 B임원은 더 이상 사장을 압박하지는 않을 심산인 모양이었다. 또한 내게 직접 만나자고 했다가 거절이라도 당할까 두려웠는지 모른다.

"알았습니다. 제가 한 번 만나 보지요."

약속한 음식점에서 단 둘이 마주 앉으니 참으로 어색하지 않을 수 없었다. 회사에서 늘 보는 얼굴인데도 마치 처음 대하는 것처럼 분위기가 썰렁했다.

"감사실에서 제게 의혹을 품고 있다는 소문은 익히 들었습니다. 감사님이 저를 좀 도와주시면 반드시 보답을 하겠습니다. 마침 이번에 ○○회사 감사의 임기가 끝납니다. 감사님만 좋으시다면 후임으로 추천하고 싶은데… 의향이 어떠신지요?"

내 임기가 거의 다 되었으니 진로를 미끼로 타협을 하자는 뜻이었다. 더구나 ○○회사는 내가 현재 근무하는 S기금보다 처우나 위상이 한 단계 높았다. 그렇게만 된다면 나로서는 만족할 만한 일임에 틀림없을 것이라고 생각한 것이리라.

"말씀은 고맙습니다만 과연 B임원께서 그런 힘이 있는지 모르겠군요. 하하─!"

나는 그의 배경이 어느 정도인지를 가늠하기 위해 슬쩍 떠 보았다.

"그런 염려는 하지 않으셔도 됩니다. 사실 L위원장도 제가 추천해서 그 자리에 가신 겁니다."

L위원장은 나도 잘 아는 분이었다. 알고 보니 그 분 역시 B임원의 배후 권력이 울타리가 된 모양이었다. 장관급 자리까지 추천할 수 있는 배경이라면 막강한 권력이 아닐 수 없었다.

"욕심이 없다면 거짓말이겠지요. 그러나 저는 더 이상의 미련을 버렸습니다. 감사 결과를 은폐할 수도 없고, 또 그래서는 안 되기 때문입니다. 지난 일이지만 하필이면 사이버 감사에 사기단 일당이 걸려들 게 뭡니까? 이젠 빼도 박도 못할 지경이 되었어요. 그런데 대체 무슨 수로 빠져나갑니까? 저 역시 진퇴양난입니다."

나는 정색을 하고 입장을 솔직하게 밝혔다.

사실이 그랬다. 설사 내가 그를 돕고 싶어도 실제 할 수 있는 방법이 없었던 것이다. 만약 무리수를 둔다면 나는 사기단보다도 못한 인간이 될 것이 아닌가?

B임원의 표정이 어두워졌고 결국 타협은 물 건너가고 말았다.

마지막 카드

남은 일은 감사 결과를 매듭짓는 일이었다. 엄청난 분량의 감사 결과 보고서가 완성되는 대로 검찰에 고발하기로 내부 방침을 정했다. 수사 자료를 방불케 하는 감사 보고서를 읽으면서 나는 그간 감사로서의 모든 행적을 한 눈으로 보는 듯 했다.

감사 자료는 이미 내부 문건 수준에 그치지 않았다. 외부 관계인들에 대한 심층 조사 자료와 증언들이 방대하게 망라되어 있었다. 어쩌면 검찰이 추가적인 수사 없이도 기소할 수 있을 가능성도 있었다.

그러나 문제는 시간이었다. 검찰 조사가 이루어지기 시작하면 감사인 내가 빠질 수 없다. 남은 임기 동안 검찰 수사를 순조롭게 마무리 할 시간적 여유가 없는 것이다.

"사장님, 아무래도 제가 임기 막바지에 판을 벌이기에는 시간이 너무 촉박합니다. 제가 이 보고서를 검찰에 넘기기 전에 퇴임하는 것이 좋을 듯합니다. 나머지 절차는 사장님께 맡길 테니 적절한 시기를 택하여 마무리하시지요."

어차피 검찰에 고발하려면 회사 대표 명의로 해야 하는 만큼 사장에게 맡기면 모든 것이 수월하게 진행될 것이었다.

"잘 알았습니다. 감사님이 퇴임하시면 감사실장과 상의해서 고발 시기를 정하겠습니다."

"만약 제가 퇴임하고 나면 다시 B임원의 태도가 돌변할지도 모릅니다. 그때 이 카드를 쓰시면 타이밍이 맞을 겁니다."

내 추측으로는 다시 B임원이 사장에 대한 퇴진 압력을 행사할 가능성이 커 보였다. 감사가 퇴임하면 장애물이 제거된 셈이니, 그런 호기를 놓칠 것 같지 않았던 것이다.

"설마 더 이상 날 괴롭히겠어요? 지금까지 할 만큼 했다고 봅니다."

사장은 그래도 낙관적인 태도였다. 자기 허물을 찾을 만큼 찾아도 더 이상 털 것이 없으리라는 자신감 때문일 게다.

여하튼 내 할 일은 끝난 셈이었다. 감사실 직원들에게 그간의 노고에 치하하는 일 밖에 남은 일은 없었다.

"그간 너무 고생이 많았습니다. 돌이켜보면 참으로 힘든 나날이었습니다. 여러분의 희생적인 노력이 없었다면 오늘 내가 맘 편히 퇴임을 하지 못했을 겁니다. 앞으로 남은 일들도 산 너머 산이 될지 모릅니다. 바라건대 유종의 미를 거둘 수 있으면 좋겠습니다."

모두들 숙연히 내 퇴임의 변을 듣고 아쉬워했다.

"감사실장은 각별히 직원들의 신변을 챙겨 주세요. 사장님한테
는 따로 부탁을 했지만 그 분도 어찌 될지 모르니 안심이 안 되는
군요. 고생만 시키고 아무런 대책도 없이 회사를 떠나니 여러분께
미안할 따름입니다."

"감사님, 너무 염려 마십시오. 제가 목이 붙어 있는 한 감사님
의 뜻을 결코 저버리지 않겠습니다."

비록 내가 직접 마무리를 하지 못하지만 내부에서 할 일은 모
두 끝냈다는 사실이 나를 홀가분하게 만들었다.

마지막 출근하는 날. 감사실 내부의 일들은 마무리한 상태였
다. 책상 서랍을 정리하고 사물을 챙기면 그만이었다.

소파에 깊숙이 몸을 기대고 눈을 감으니 지난 3년 동안의 일들
이 주마등처럼 스쳐갔다.

낙하산 출신이라고 출근을 저지하던 노조 간부들, 그들과 함께
결식아동 가정을 심방하느라 산동네를 오르내리던 일, 친척의 청
탁 아닌 청탁을 받고 고민하던 일, 그리고 일반감사와 특별감사에
서 적발된 직원들을 야단치던 일 등이 한 편의 파노라마를 보듯
생생히 떠올랐다.

'그 동안 나는 무엇을 위해 열정을 쏟았던가?'

지난 3년이 마치 30년쯤은 되는 듯 많은 일이 있었다. 하필이면

외환위기 때 이곳으로 부임했기에 더욱 많은 일을 겪은 것일지도 몰랐다.

하지만 하나님께서 어떤 뜻을 가지고 계셨기에 나를 이곳으로 인도하셨을 것이라는 생각을 잊지 않고 지냈다.

물론 처음부터 순조롭게 이곳에 온 것이 아니었다. 편하게 보낼 수 있는 곳에 낙점이 되었지만 엉뚱한 인사가 가로챘다는 뒷말을 들었다. 알고 보니 그곳은 누구나 적당히 시간만 때우면 될 곳이었다. 아마 내가 그곳을 갔더라면 나 역시 임기 내내 무기력하게 세월만 죽였을 것이다.

비록 어려운 일을 겪었지만 어쩌면 전화위복(轉禍爲福)이요, 새옹지마(塞翁之馬)라는 생각이 들었다.

당시는 외환위기의 여파로 일반 시중은행들의 손발이 묶인 때였다. 그러니 우리 기관이 감당해야 할 시대적 책무가 과거 어느 때보다 막중했다. 만약 이런 시점에서 우리 회사가 제 몫을 제대로 못한다면 국가 경제의 회복이 지연되는 것은 불 보듯 뻔한 일이었다.

그리고 정권이 바뀌면 금융권에 권력형 비리가 싹트기 쉽다. 권력의 배경을 등에 업고 사리(私利)를 취하려는 무리들이 승냥이 떼처럼 달려드는 것이다. 우리 회사야 말로 그들의 만만한 표적이 아닐 수 없었다.

자금난에 처한 산업계에 젖줄을 대는 기관은 평소에도 늘 위험에 노출되어 있다. 하물며 비상시국에서야 두말 할 나위가 없었다.

바로 이 같은 때에 이곳을 지키라고 하나님이 나를 보내신 것이라고 믿었다. 하나님은 견딜 만큼의 시련을 주신다고 하지 않던가.

누구나 직장 생활을 하며 보람을 얻기는 어렵다. 나도 30여 년의 직장 생활 중에서 당시의 3년이 가장 힘들었지만 보람도 그만큼 컸다.

"감사님, 임원회의에 들어가실 시간입니다."

비서가 기다리다 못해 나를 재촉했다.

"음, 잠깐 깜박하고 있었군."

회사의 중요 정책을 논의하고 결정하는 임원회의는 그 날도 변함없이 진행되었다.

"감사님 의견은 어떻습니까?"

사장이 감사인 내 의견을 물었고, 나는 평소와 다름없이 이야기를 했다.

임원회의가 끝날 즈음, 사장이 문득 내게 말을 던졌다.

"감사님은 내일도 출근하실 것 같습니다."

다른 임원들도 내가 예전과 다름없이 의견을 말하는 태도가 조금도 달라 보이지 않는다며 웃었다.

"내일도 또 출근해 볼까요?"

임원들과 이별의 악수를 나누면서 나는 그때서야 오늘이 마지막 날이라는 사실을 실감했다.

외부로 유출된 감사자료

회사를 퇴직하고 나니 홀가분하기도 하고 섭섭하기도 한 기분
이었다. 다음 직장이 기다리고 있었던 것도 아니었다. 그래도 나
를 기다리는 곳이 있을 것 같은 그런 기대는 아직 남아 있었다. 다
만 어디를 가든지 얼마간은 쉬고 싶었다.

지난 3년 동안 정말 숨 가쁘게 달려오지 않았던가! 여행도 다니
고 싶었다. 회사 업무상 꺼리던 친구들도 이제는 스스럼없이 만날
수 있어서 좋았다.

하지만 그 중에는 전관예우를 기대하는 사람들이 도움을 바라
는 경우도 없지 않았다. 특히 중소기업 중에는 적당한 예우로 경
영을 맡아주길 바라는 곳도 있었다. 퇴직자들을 상대로 유혹하는
전화를 받으면서 쓴웃음이 나왔다.

그러던 중에 느닷없이 D신문 기자라면서 나를 만나자는 전화

가 왔다.

"전에 근무하시던 회사의 B임원을 아시지요? B임원이 금융 사기단과 연루된 사건에 대해 확인할 일이 있어서 전화 드렸습니다."

"저는 아무런 할 말이 없습니다. 회사를 퇴직한 이상 업무에 대해서 거론하는 자체가 해서는 안 될 일이란 것을 아시잖아요?"

"저도 그걸 모르는 것은 아닙니다. 다만 제가 입수한 정보를 확인하려는 것뿐입니다."

"죄송합니다. 더 이상 저는 감사가 아닙니다."

"잠깐만 시간을 내주십시오. 바로 댁 근처까지 왔는데 만나 뵙기라도 하고 가야 하지 않겠습니까?"

아파트 앞에까지 왔다는 데 매정하게 돌려보내기도 미안해서 근처 커피숍에서 만나기로 했다.

"사건의 전말이 담긴 감사 보고서를 입수했습니다. 내용은 B임원이 연루된 권력형 금융사기의 성격이라고 보입니다. 감사님 재직시에 감사가 이루어졌다고 하는데… 사실인가요?"

결국 유도 질문이 시작된 셈이었다.

"저는 퇴임하면서 공식적으로 발간된 감사백서 한 권 이외에는 단 한 장의 메모지도 들고 나오지 않았습니다. 확인해 드릴 증거가 하나도 없습니다."

"자료는 저희들이 입수했습니다. 단지 사실 확인만 해주시면 됩니다."

기자는 이미 내가 보인 반응으로 감을 잡았을 것이었다. 말이 확인이지 부정을 하지 못하면 긍정이 되는 것이 아니겠는가?

나는 긍정도 부정도 하지 못하는 처지에 대해 양해를 구했다. 다만 직감적으로 머지않아 검찰 수사가 시작될 것이라는 예감이 들었다. 언론에 노출되면 당연히 검찰 수사가 시작될 수밖에 없기 때문이었다.

'결국 내 해법이 정답인 것을… 어리석은 자들의 탐욕이 화를 부르는구나!'

감사자료 유출의 오해

며칠 후 D신문에 우리 회사의 금융사기에 대한 기사가 올랐다. 그리고 나는 감사실 간부의 전화를 받았다.

"감사님, 신문 보셨습니까? 저희 감사 보고서가 유출되었다고 회사 내에서 난리가 났습니다."

"글쎄, 나한테 기자가 찾아오기는 했어도 자료는 어디서 얻었는지 모르겠네."

"사실 지금 회사 내에서는 감사님이 자료를 유출하지 않았나 의심하는 분위기입니다. 이미 퇴직하셨기 때문에 그런 것 같습니다."

"그렇게 오해해도 할 말이 없네만… 기자 말로는 나 만나기 전에 이미 자료를 입수했다더군. 다만 사실 확인을 위해 나를 만나자고 했다네."

감사실 간부로부터 회사의 동향을 전해 듣고 이상한 생각이 들었다.

왜 검찰에 고발도 하기 전에 언론에 자료가 먼저 유출되었는지? 그리고 대체 누가 무슨 동기로 자료를 유출했는지?

한 가지 분명한 것은 이미 예상한 대로 검찰의 수사를 면할 방법은 없게 되었다는 사실이다. 아무리 막강한 권력도 이미 공개된 범죄 사건을 덮을 수는 없을 것이다. 따라서 비록 내가 자료를 유출하지 않았더라도 보는 시각에 따라서는 오해를 할 만도 했다.

내가 검찰 고발을 전제로 감사를 진행했던 것을 누구보다도 감사실 직원들이 알 것이었다. 따라서 사장이 고발을 미루는 동안 퇴직해서 홀가분한 감사가 일을 만들었을 가능성도 있기 때문이다.

그런데 얼마 후에 감사실 간부로부터 또 다시 전화가 왔다.

"감사님, 본부 안전 관리실에서 자료 유출 경로를 조사했는데 아직 누구라고 단정은 못해도 감사님은 아니라는 증거가 나왔답니다."

"아니! 그건 또 무슨 말인가? 내가 아니라는 증거가 나왔다니?"

"D신문사 기자가 입수한 자료를 확인했는데 감사님께 결재가 올라가기 전의 자료라고 합니다."

"그렇다면 감사실 실무자 선에서 자료가 유출되었다는 뜻인가?"

"그야 알 수 없겠지요. 실무자가 작성한 자료를 누군가가 은밀하게 복사할 수도 있기 때문입니다."

"그렇다면 내가 근무할 당시에 이미 누군가 자료에 손을 댔다는 뜻인데 참으로 황당한 일이로구면."

내가 유출 혐의를 벗어났다고 해서 좋을 것도 없으려니와 감사 몰래 자료가 누군가에게 복사되었다는 것이 더욱 기분을 망쳤다. 그러나 엄밀하게 살펴보면 유출 시점 자체가 유동적이라서 감사실 직원들을 의심할 수만도 없었다.

세월이 지나면 자연스럽게 진실은 밝혀진다. 당시에는 몰랐겠지만 훗날에는 분명히 알려질 일이었다.

언론에 그 사건이 보도된 후에 검찰 수사는 일사천리로 진행되었다. B임원은 당연히 옷을 벗었고, 검찰은 그를 구속 기소하기에 이른다.

언론 보도를 보면서 참으로 인생무상(人生無常)을 느꼈다. 얼마 전까지 막강한 권력 배경을 과시하며 사장을 꿈꾸던 사람이 아니던가? 어쩌면 내가 그 회사의 감사로 부임하지 않았다면 그의 꿈은 이뤄졌을지 모를 일이다. 아니 감사실에서 사이버 감사 기법을 개발하지 않았더라도 마찬가지였을 것이다.

그의 입장에서 보자면 나와는 악연임에 틀림없었다. 나 또한 본의는 아니지만 그의 운명에 결정적 영향을 미쳤다는 점에서 마음 한 구석이 무거운 것도 부인할 수 없었다.

사건이 마무리 되니 반대로 사장은 안전하게 임기를 마칠 수 있었다. 그보다 더욱 다행스러운 일은 감사실장을 비롯한 감사실 직원들의 안전이었다.

사장도 감사실 직원들에 대한 보답을 해주었다. 감사실장을 중용하여 회사 내의 기강을 바로 세우려고 애썼다.

이 사건이 회사에 미친 충격은 매우 컸다. 그리고 충격이 큰 만큼 교훈도 되었다. 인맥이나 권력이 능사가 아니라는 가르침이다. 이 사건을 진두지휘한 감사실장은 나와 아무 인연이 없었다. 나는 학연과 지연, 어떤 인연도 가능한 한 무시하려고 했다. 오히려 숨은 인재를 발탁하는 것이 나의 책무라고 믿었다.

만약 내가 다른 인맥에 따라 감사실장을 기용했다면 이 사건을 제대로 마무리 할 수 없었을지도 모른다. 좋은 게 좋다는 식으로 일을 처리하다 보면 허점이 생기는 때문이다.

다른 하나의 교훈은 권력의 힘도 진실과 정도 앞에서는 아무 소용이 없다는 것이다.

감사원이나 권력의 핵심부에 있는 실세들도 진실 앞에서는 양심을 저버리기 어렵다. 어쩌면 그들도 불의의 대가가 두렵기도 할 것이다. 잠시 권력의 힘으로 승승장구를 하더라도 양심을 파는 자의 종말은 불행하다.

손바닥으로 하늘을 가릴 수는 없는 일이다. 그러나 아직도 우리 사회에는 어리석은 재주꾼들이 많다. 그래서 많은 사람들에게 이런 불행한 종말이 반복되고 있는지 모르겠다.

감사는 필요악인가?

어느 금융기관의 감사는 감사를 필요악이라고 표현했다. 언론에 기고한 칼럼에서 본 제목이다.

과연 감사는 필요악인가? 아마 악(惡)이라는 이미지를 연상한 것은 누군가에게 불이익을 주는 직책 때문일 것이다.

물론 검찰이나 사법부가 사회악을 상대로 정의를 세우는 것이 악일 수는 없다. 그럼에도 악이라고 부르는 이면에는 선(善)으로 볼 수 없는 일을 하기 때문일지도 모른다. 감사가 악으로 비치는 것도 정의를 바로 세우지 못하는 자괴감이 배어 있는 것이다.

감사가 제대로 감사 기능을 못하면 없는 존재만도 못하다. 그런 비난을 면하기 위한 변명이 바로 필요악이라는 말이다.

그나마 없는 것보다 낫다는 증거는 무엇인가? 감사는 사회 각 기관에 없어서는 안 되는 직책이다. 그런데 곳곳에서 부정과 비리가 끊임없이 판을 친다. 감사가 그 비리의 원인을 몰라서 그렇게 되었다면 인사가 잘못되었거나 자격이 없는 것이라고 할 수 있다. 어떤 경우에도 감사는 책임을 면할 수 없다.

나는 두 기관에서 감사라는 직책을 체험했다. 감사를 맡으면서 나는 과거 집행부에서 앞만 보고 달렸던 시절과 또 다른 중요성을 발견했다. 어쩌면 감사란 집행부 뒤를 쫓아다니며 떨어진 부스러기를 줍는 존재일 수도 있다. 그러나 그 부스러기가 금덩어리나 다이아몬드와 같은 귀중한 것일 수도 있다. 나아가서는 집행부가 더 이상 아까운 부스러기를 떨어뜨리지 못하게 만들어야 한다.

우리는 회사 경영에서 돈을 벌어들이는 일에만 신경을 쓰기 쉽다. 반대로 돈을 어떻게 쓰고 관리하느냐에 대해서는 별로 중요하게 생각하지 않는다. 일에 있어서 어느 것이 더 중요하고 소홀해도 되는 것이 있던가?

감사는 회사 경영상 결코 소홀해서는 안 될 일들을 챙긴다. 위험은 어느 곳에서도 발생할 수 있다. 위험을 모르고 살다가는 어느 날 갑자기 위험에 빠지게 마련이다. 아무리 건강해도 갑자기 찾아오는 질병을 이길 재간은 없다. 평소에 건강관리를 하는 것처럼 감사는 회사를 지켜야 한다. 그런데 어찌 감사를 필요악이라고 할 것인가?

감사의 계명

내가 감사로 취임하면서 다짐한 생각과 감사 업무를 하면서 느낀 것이 있다. 작위적이지만 세 가지 계명(戒名)을 만들어 놓고 종종 스스로를 비춰보곤 했다.

계명은 나 자신과의 약속이다. 누가 지키라고 강요한 것도 아니다. 그러나 계명을 되새기며 자신의 현주소를 확인하는 것은 매우 의미 있는 일이었다. 초심을 잃지 않으려는 뜻에서였다.

누구나 어떤 일을 맡게 되면 남 못지않게 잘 하고 싶은 것이 인지상정(人之常情)일 것이다. 그러나 주변 환경은 나를 그냥 두지 않는다. 더구나 탐욕을 버리지 않으면 유혹을 이기지 못한다.

대개는 나이가 지긋한 시점에 감사직에 오른다. 직장 생활도 그리 많이 남지 않았고, 집안 사정도 여의치 않은 경우가 많다. 그리고 남은 세월 풀어야 할 숙제도 적지 않다.

따라서 자녀와 자신의 노후 문제는 직권남용을 부추기는 도화선이 될 수가 있다. 특히 이권이 많은 기관일수록 유혹의 손짓은 더욱 거세게 마련이다.

일반적으로 감사직은 3년의 임기로 끝난다. 잘 해야 한 번 더 할 수 있는 기회가 주어질 뿐이다. 마지막 직장 생활이 주는 강박감은 매우 크다. 끝까지 명예를 지킬 것인가, 남은 기간 동안 가능한 만큼의 돈을 챙길 것인가를 고민하게 된다.

감사의 계명은 명예를 지키기 위한 자신과의 싸움이다. 마치 과부가 밤마다 바늘로 허벅지를 찔렀다는 옛날의 우스갯소리와 비슷하다.

결국 나는 '명예'를 첫 계명으로 삼았다. 끝까지 명예를 지킬 수만 있다면 나의 직장 생활은 실패한 것이 아니라는 믿음 때문이다.

그러나 명예를 잃을 수 있는 위험은 항상 어디서나 도사리고 있다. 회사의 위험을 외면하거나 간과하면 사고가 발생한다. 일단 사고가 터지면 감사의 역할이 도마 위에 오를 수 있다.

나의 노력과 무관하게 명예가 실추될 가능성이 상존하는 것이다. 감사는 눈에 보이지 않는 위험 요인과 싸워서 명예를 지켜야 한다.

두 번째는 나무와 숲을 모두 볼 수 있는 균형감각을 잃지 않는 일이다. 감사의 역할도 회사의 이익과 발전을 이루도록 하는 것이다. 감사를 위한 감사가 빚는 부작용을 염두에 둬야 한다. 그러기 위해서는 고도의 판단력이 필요하다.

나는 평소에 세 가지 판단의 잣대를 갖고 있다. ① 합목적성, ② 현실 적합성, ③ 비교 우위성이 그것이다. 먼저 회사의 목적에 부합되는지를 판단하고, 다음에 현실에 적합한가를 따진다. 아무리 좋은 방법이나 선택도 현실성이 없으면 그림의 떡이다. 그리고 어떤 선택이 가장 최선인가를 찾아본다. 절대적으로 좋은 것은 존재하기 어렵다. 있을 수 있는 수단과 방법 중에서 가장 나은 것을 선택하는 것이다.

이러한 의사 결정 방식은 비단 감사 업무에만 국한되지 않는다. 나의 직장 생활에서 그나마 실패를 줄일 수 있었던 것은 판단력의 훈련 덕분이었다.

마지막 세 번째는 앞서 거론한 '냉철한 이성과 뜨거운 가슴(Cool Head But Warm Heart)'이다. 대학시절 배운 경제원론 첫 장에 나오는 알프레드 마샬의 경구를 내 평생의 좌우명처럼 여긴 것이다.

감사 업무를 하면서 조사는 철저히 하되 처벌은 온정적으로 한 것도 바로 이런 자세였다. 냉철한 이성은 나로 하여금 선공후사(先公後私)의 공직 윤리를 지키게 했다. 그러나 한편으로는 따뜻한 인정을 통하여 억울한 피해자가 없도록 애썼다.

감사는 다른 직무보다 자신에 더욱 엄격해야 한다. 감사의 독립성이 필요한 만큼 감사의 책임이 크기 때문·이다. 독립성만 강조되다 보면 감사의 횡포를 막기 어렵다. 마치 언론이나 사법부의 독립성이 자칫 무소불위의 권력을 잉태할 우려가 있는 것과 같다.

독립성을 보장하는 만큼 책임도 따라야 하는 것이 옳다. 그런데 대개의 경우 견제하고 감시하지 않으면 권력 남용과 횡포가 나타난다. 그러므로 감사는 아무나 해서는 안 되는 직종의 하나라고 생각한다. 자신에게 엄격하지 못한 자들에게는 감사가 마치 고양이에게 생선을 맡긴 꼴이 되기 십상이기 때문이다.

행복한 은퇴자

예전에 내가 다니던 회사의 최고경영자는 부하직원들이 집에 찾아오는 것을 매우 꺼렸다. 인사 청탁이나 회사 내에서 편 가르기를 경계하려는 뜻에서였다. 그러나 퇴직한 직원들이 찾아오는 것은 무척 반겼고, 또 본인이 퇴임한 후에는 더 없이 따뜻하게 방문객을 맞았다.

나 역시 그 분의 은덕을 입었기에 퇴직 후에도 이따금 인사를 갔다. 그럴 때면 얼마나 좋아하셨는지 모른다. 이야말로 바람직한 상하 인간관계가 아니겠는가.

나도 퇴임한 후 바로 전에 근무했던 회사의 직원들과 만나는 기회가 종종 있었다. S기금을 퇴직하고 몇 달이 지나서 나는 다른 회사의 감사로 부임했는데, 그곳이 공교롭게도 S기금의 지역본부 사무실과 가까웠던 때문이다.

지역 본부장이 내 소식을 듣고 인사를 왔고, 그 후로도 바뀌는 본부장마다 나를 찾았다. 그들은 감사실 직원들이 아니라 감사인 나로 인해 고생을 했던 직원들이었다. 그런데 그들은 나를 마치 직속상관으로 모셨던 것처럼 반겼다.

나 역시 옛 동료들을 다시 만나니 반갑고 즐거웠다. 다른 약속이 없으면 늘 그들과 함께 점심식사를 했다. 물론 화제는 회사의 돌아가는 동향이었다.

나와 같이 일했던 감사실장이 임원으로 승진하고 마침내는 전무까지 올랐다는 소식도 들었다. 내부 직원으로는 최고의 자리였다. 사장이야 주무부처에서 주로 내려오고, 감사 역시 낙하산이므로, 전무라는 직위는 내부 직원이 오를 수 있는 최정상의 자리였던 것이다.

나는 뿌듯한 자부심을 느꼈다. 자칫 파묻혔을 인재를 발굴한 셈이니 산삼을 캔 심마니의 기분이랄까.

그 후 또 3년의 임기를 마치고 나는 완전히 직장 생활에서 은퇴하여 아예 시골로 내려갔다. 다행히 경기 북부지역이라 서울에서 그리 멀지는 않다. 하지만 그래도 지방이어서 여간 큰마음을 먹지 않으면 찾아오기 힘들었다. 더욱이 이미 인연이 끊어진 옛 직원들이 찾아오기란 더욱 어렵다고 할 수 있다.

그럼에도 불구하고 매년 명절 때마다 잊지 않고 찾아오는 옛 동료들이 있어 너무 기쁘고 행복하다. 성탄절에는 직장 신우회가 초대한 적도 있다. 그리고 연말이면 옛 감사실 직원들이 저녁 회식을 함께 하자고 부른다. 이미 퇴직한 지 10년이 넘은 후인데도 말이다.

　말도 많고 탈도 많은 낙하산 인사로 고작 3년의 임기를 함께 했던 뜨내기에 불과했음에도 그들은 나를 진심어린 우정과 사랑으로 대해 주었다. 나는 참으로 행복한 은퇴자가 아닌가!

전원생활의 즐거움

요즘 퇴직 후 노후생활에 대한 고민이 언론에 자주 등장한다. 우리나라가 노령화사회로 접어들고 베이비부머가 은퇴를 하니 노후생활이 커다란 국가적 문제로 인식되는 때문일 것이다.

은퇴한 노령인구의 어려움은 한두 가지가 아니다. 우선 경제적인 문제를 꼽을 수 있다. 노후자금을 준비했거나 연금을 받는 경우가 40%에 이르지 못한다고 하니 줄잡아도 반 이상이 궁핍한 삶을 살고 있는 것이다.

자식들의 경제적 자립도 보장되지 못하는 처지에서 자신의 노후를 충분히 대비했을 리 만무하다. 더욱이 제 앞가림도 못하거나 반대로 진로 때문에 혼기라도 놓친 자식이 있다면 은퇴한 부모의 생활도 정착을 못한 떠돌이마냥 불안스럽기 짝이 없을 것이다.

여가를 보내는 것도 문제가 아닐 수 없다. '남는 시간을 어떻게 보내는가?'에 대한 설문조사에서 대부분이 'TV 시청'이라고 대답했다니, 즐겁고 건강하게 시간을 보내지 못하고 있다는 사실을 알 수 있다. 일만 하며 청춘을 보내다 보니 즐길 줄도 모르게 된 불쌍한 세대가 된 것이다.

그러나 그보다 더 무서운 것은 자신이 이제는 사회에서 쓸모없는 폐품처럼 여겨지는 좌절감이다. 이미 가정 내에서조차도 더 이상 쓸모없는 늙은이로 취급되고 있지는 않는가?

아침에 눈을 뜨면 건넌방이나 서재로 가서 컴퓨터를 켜고 인터넷으로 바깥세상이 어떻게 돌아가는지 들여다본다. '식사하라'는 안식구의 퉁명스런 재촉에 못 이겨 식탁에 앉았다가 식사가 끝나면 그날 하루를 어떻게 보낼까 궁리를 한다.

산책이라도 할 곳이 있으면 그나마 다행이다. 불러주는 친구들이라도 있고, 등산이라도 할 약속이 있다면 그날은 행복하다고 할 수 있다. 경제적 여유가 있어 여행을 즐길 수 있다면 바랄 나위가 없고.

은퇴 전에야 일에 파묻혀 바쁘게 살다보니 남들이 가는 해외여행 한 번 제대로 못했던 것이 못내 후회스럽다. 그렇지만 이제 시간 여유도 생기니 해외여행이 꼭 은퇴 후의 필수 코스처럼 따라 붙는다. 그러나 여행이 즐거운 것도 한동안이다. 그 다음은 역시 무료한 시간이 기다리고 있다.

아내들은 하루 세 끼 꼬박꼬박 바쳐야 하는 게 고역이고, 밥을 먹는 남편이 징그럽다. 오죽하면 '삼식(三食)이는 미움 받고, 아침에 눈 떴다고 혼난다'는 말이 생겼을까. 안방에서 건넌방으로, 건넌방에서 다시 거실로 옮겨 가며 하루를 보내는 남편, 돈도 벌어다 주지 못하고 밥이나 축내는 남편이 고와 보일 리가 없는 것이다.

평생 가족을 부양하느라 수고한 가장이지만 영원히 그런 대접을 받을 수는 없다. 아내도 이미 늙어가는 처지, 이제는 가정부 같은 삶을 벗어나야 하지 않겠는가.

이렇듯 은퇴자의 삶은 현역에 있을 때와 백팔십도 다르게 변하는 것이 운명이다. 나 역시 은퇴 후 도시에서의 삶을 계속했다면 달리 뾰족한 방법이 있을 리가 없었을 것이다.

아무리 은퇴 후에 명예롭게 늙어가고 싶어도 주어진 현실을 외면하고 혼자 고고한 체 할 수는 없다. 누군가 내가 근무했던 과거의 인연을 이용하여 그럴 듯한 명함과 보수를 미끼로 유혹을 한다면 못이기는 척하며 다시 어딘가에 출근하게 되었을는지 모를 일이다.

결국 나와 함께 일했던 후배들에게 찾아가 아쉬운 소리를 해야 하는 그런 자리에 말이다. 소위 전관예우라도 받을 그런 자리라면 그나마 사회적으로 제법 괜찮은 직장으로 꼽히지 않는가?

그러나 나는 많은 고민 끝에 도시 생활을 접기로 했다. 어쩌면 아직은 아쉬운 60대 초반의 나이에 너무 성급하게 낙향을 하는 것은 아닌지, 나 역시 마음이 가벼울 수만은 없었다. 그러나 한 살이라도 덜 먹었을 때 땅을 일굴 기력이 남아 있을 것이기에 모든 미련을 떨쳐버렸다.

솔개는 40년을 살고 나면 부리와 발톱이 더 이상 쓸모없이 되고 만다. 날카로움이 사라진 부리와 발톱으로는 사냥을 하지 못하니 굶어 죽을 수밖에 없다. 그대로 죽기를 기다리든지 아니면 새로운 부리와 발톱을 만들기 위해 피나는 재활 과정을 거치든지… 선택의 기로에 서야 하는 것이 바로 솔개의 운명이다.

솔개는 높은 바위에 올라 부리를 바위에 쪼아댄다. 피가 낭자하고 부리가 깨지는 고통을 스스로 겪는 것이다. 드디어 부리가 부러지고 새로운 부리가 돋으면, 그 부리로 낡은 발톱을 뽑아낸다. 스스로 발톱을 뽑자니 얼마나 고통스럽겠는가? 하지만 이 과정을 거치지 않으면 달리 길이 없다.

이렇듯 130일이라는 기나긴 기간 동안 고통과 굶주림을 참아내며 재활 기간을 거치면 완전히 새롭게 거듭나고, 다시 40년의 생명을 얻게 되는 것이다.

솔개마저 재활의 고통을 감수하며 제2의 삶을 살려고 하는데 하물며 우리 인간이 그만도 못해서야 될 것인가.

나는 은퇴 전에 도전했던 농사 체험 현장에서 엄청난 충격을 받았다. 비록 정기적인 건강검진에서 온갖 성인병이 발견되었지만 그것은 또래의 사람이라면 누구나 갖고 있는 병이려니 여겼다.

그러나 호미를 들고 흙을 파헤치는 작업을 단 5분도 못하고 물러날 줄은 몰랐다. 아무리 육체노동을 해보지 않은 책상물림이라지만 그렇게 허약한 줄은 전혀 예상치 못했던 것이다.

전원생활에 대한 두려움이 쓰나미처럼 엄습했다. 은퇴 후에는 전원생활을 하겠다는 막연한 꿈을 꿨던 자신이 마치 술에 취했다가 깬 것처럼 정신이 번쩍 들었던 것이다. 과연 내가 농촌에서의 삶을 견딜 수 있을 것인가?

그렇다, 솔개처럼 다시 재활하겠다는 결단이 없다면 결코 제2의 인생도 없을 것이다. 나는 전원생활 첫해에 엄청난 육체노동으로 14kg의 체중이 감량되었다. 하지만 갑자기 너무 무리한 것이 문제가 되어 탈이 났고, 보약을 두 재나 먹어야 했다. 그러나 내 안에 있던 여러 가지 성인병들은 그 과정에서 대부분 사라졌다. 그리고 이제는 하루에 몇 시간을 일해도 견딜 만큼 단련이 되었다.

농삿일은 땀을 흘려야 보람을 느낀다. 땅은 흘린 땀만큼 보상을 하기 때문이다. 하루를 어떻게 보낼까 염려할 까닭이 없다. 밭에 나가면 보이는 것이 모두 일거리이기 때문이다.

아내와 함께 하는 일이라 그동안 함께 했던 시간보다 더 많은 시간을 같이 보내고 있다. 게다가 밭일은 남자의 완력으로 할 일이니 여전히 아내는 내게 의존해야 한다. 하루 세 끼 식사 준비에 불만을 가질 명분이 없다.

그래도 식사 준비하는 것이 지겨울 때는 외식하는 기회도 갖는다. 도시에서 하는 외식과 달리 그리 비싼 음식이 아니더라도 훨씬 값지게 느껴진다. 전원생활에서의 노동과 외식이 도시와는 전혀 다른 가치로 받아들여지는 것이다. 아마 내가 도시에서 육체노동을 하고 있다면 안식구나 자식들은 창피해서라도 만류했을 것이다. 그러나 농삿일은 다르다. 오히려 성스러운 것처럼 자랑스럽게 본다. 아마 예전에 선비들이 낙향을 한 것이 고고한 삶의 모습인 것처럼 인식된 것과 같은 맥락인지도 모른다.

설사 고고한 삶의 경지는 아닐지라도 무엇보다도 도시와 다른 것은 마음의 여유이다. 몸은 일에 파묻혀 사는 것 같으나 마음은 쫓기지 않는 삶이 바로 도시와 다른 것이다.

은퇴자의 도시생활은 어디 그런가? 몸은 편해졌지만 마음은 무언가에 쫓기는 형국이 아니던가? 군중 속의 고독을 느끼는 현대인들에게 전원은 포근한 안식처가 아닐 수 없다.

자연이 주는 평안은 적막하지만 고독하지만은 않다. 세상에 대한 미련과 집착에서 나를 자유롭게 한다. 육체노동이 주는 피로마저도 오히려 평안한 휴식을 얻기 위한 대가에 불과하다.

비록 내가 살아왔던 삶의 궤적이 달라졌지만, 전원생활은 오히려 지난 행적의 가치를 온전히 보존할 수 있도록 지켜주는 수호자의 안배라 아니할 수 없다.

그런 의미에서 전원생활은 도시에서의 도피가 아니라 새로운 세상을 향한 도전이다. 현직에서 떠나 유배를 가는 것이 아니라 현직에서 얻었던 명예를 지켜주는 보장성 보험이기도 하다.

또 하나 중요한 것은 바로 경제적 이유 때문에도 전원생활은 은퇴자가 진지하게 고려해 볼 만한 가치가 있다는 사실이다.

대부분의 사람들은 경제적 여유가 없어서 전원생활을 못한다고 말하기도 한다. 그러나 꼭 그렇지만도 않다. 나 역시 여느 은퇴자처럼 퇴직 당시 아파트 한 채와 퇴직금 얼마가 거의 전 재산이나 다름없었다. 오랜 직장 생활을 했다 하더라도 자식 뒷바라지를 하다 보면 하는 수 없다.

다행히 20여 년 전에 사놓은 지금의 시골 땅이 큰 위안이 되었다. 땅을 살 당시만 하더라도 경기 북부는 접적 지역이라 누구도 거들떠보지 않았던 그런 곳이었다.

마침 다니던 직장에서 퇴직금이 나온 김에 우연한 인연으로 땅을 사게 되었지만 나는 노후를 전원에서 보내리라 마음먹었고 또 그것을 당연하게 여겼다.

그러나 정작 은퇴 후에 아파트를 팔고 이사를 하려니 아파트 매기가 실종된 상태였다. 하는 수 없이 전세를 주고 그 자금으로 지금의 전원주택을 지었다. 그리고 얼마 안 되지만 매월 나오는 국민연금은 나의 용돈 노릇을 톡톡히 한다.

만약 지금도 내가 도시생활을 하고 있다면 얼마 안 되는 퇴직금으로 몇 년을 버티겠는가? 전원생활의 생계비는 도시의 절반도 안 된다. 소비 자체가 절제되기도 하겠지만 소비 성향이 바뀌기 때문이다.

규모야 크든 작든 자기 땅에서 나오는 농작물은 소비 대체 기능을 한다. 우리 부부뿐 아니라 자식들의 가계에까지 보탬을 준다. 그러면서도 건강한 먹거리를 생산하는 보람은 크다. 자식들에게 나눠 주는 건강한 먹거리는 부모에 대한 자식들의 관심을 높이는데 크게 기여한다. 노년에도 여전히 가정에서 필요한 존재로 남아 있는 것이다.

손주들이 마음 놓고 뛰놀 수 있는 자연 환경을 갖췄다는 것도 빼놓을 수 없는 장점이다. 때문에 도시에서라면 자주 보기도 어려운 자식들을 오히려 전원생활을 하면서 자주 보게 된다.

비단 자식들뿐 아니라 친구나 인척들과의 관계도 더욱 돈독해진다. 전원생활에 관심을 가진 가까운 친구들이 자주 들른다. 함께 밭일도 하고 농작물도 나눔 하다 보면 피차에 그렇게 즐거울 수가 없다.

시골이라고 해서 절간처럼 혼자 도를 닦고 사는 곳이 아니다. 찾아오는 방문객들이 오히려 도시에서 살 때보다 더 많다. 소득은 없지만 생산 활동에 참여하고 소비 대체를 하는 것만으로도 생활경제를 충분히 윤택하게 만드는 것이다. 특히 가까운 사람들과 건강한 먹거리를 나눔 할 수 있는 여유야 말로 마음의 위안이 아닐 수 없다.

우리는 각기 사회에 어떤 형태든지 기여를 하며 살아야 보람을 얻는다. 학창시절 스승은 제자들에게 사회에서 꼭 필요한 사람이 되라고 가르쳤다.

물론 현직에 있을 때는 누구나 그런 의식을 가질 것이다. 그러나 은퇴 후에도 과연 그런가? 은퇴 후 나는 사회뿐 아니라 가정에서조차 별로 쓸모없는 존재가 되기 쉽다는 공포감을 느꼈다. 하지만 그 답을 나는 전원에서 찾은 것이다.

현직에서의 사회적 기여에 대해서는 연봉이라는 반대급부를 내게 지급했다. 그러므로 사실 따지고 보면 순수한 나의 사회적 자산은 비용을 공제하고 나면 보잘 것 없을 수도 있다.

그러나 사회는 은퇴 후 내게 더 이상 보수를 지급하지 않는다.

만약 그럼에도 불구하고 내가 사회에 기여하는 것이 있다면 비용이 들지 않았으니 고스란히 사회적 자산으로 남을 것이다.

농촌경제연구원의 연구에 따르면 도시인 한 사람의 귀농으로 얻어지는 사회적 편익이 약 170만 원에 이른다고 한다. 그렇다면 이미 우리 부부는 약 340만 원의 사회적 편익을 제공한 셈이다.

재능을 가진 사람들은 도시보다 시골에서 사회적 기여를 할 수 있는 것이 적지 않다. 자신이 갖고 있는 재능을 지역 사회에 기부할 수 있다면 나의 사회적 자산은 더욱 커질 것이다.

나는 매년 말 내가 살고 있는 지자체의 예산심의위원회에 참여한다. 내가 현직에서 하던 일이 곧 지자체에도 적용할 수 있는 자산이었던 것이다. 금년 여름방학 중에는 관내 도서관에서 학생들을 상대로 논술 지도를 하고 있다.

교회에서는 허리 디스크 예방 체조 강습을 매 주일마다 한다. 예전에 나도 한 때 디스크로 엄청 고생을 했고 수소문 끝에 재발하지 않게 하는 체조를 배웠던 덕택이다.

그리고 틈틈이 전원에서의 귀농일기를 쓴다. 먼저 겪은 전원생활에서의 농사 체험은 뒤에 오는 귀향가족에게 시행착오를 예방할 수 있는 실용적인 지침서가 될 수 있을 것이다.

아무리 경제적 여유가 있더라도 나 혼자 즐거운 세상은 무의미하다. 나를 필요로 하는 사람들과 더불어 즐거움을 나눌 때 우리는 행복감에 젖는다. 전원생활은 내게 바로 그 즐거움의 산실이 되고 있는 것이다.

후기 ···

올해 말이면 대통령 선거가 치러질 것이다. 정권이 바뀌면 으레 대대적인 인사 바람이 불 것이다. 그리고 어김없이 등장하는 것이 낙하산 인사에 대한 논란이다. 그런데 낙하산으로 임명된 인사들은 자격도 없이 입학한 보결생처럼 취급한다. 권력의 비호로 특혜만 받는 자리로 취급하는 것이다.

특히 감사는 할 일도 별로 없으면서 고액 연봉이나 챙기는 신의 경지라고 비꼰다. 물론 개중에는 전문성 면에서 감사의 역할을 충분히 수행할 수 없는 인사들이 적지 않은 것도 부인할 수 없다.

앞서 밝힌 것처럼 이 글은 낙하산으로 특수 금융기관의 감사를 지낸 나 자신의 경험을 회고하여 쓴 논픽션이다.

언론에서 낙하산 인사에 대한 비판 기사가 나올 때마다 본인 스스로를 돌아보고 자문해 보았다. 그들이 비난하는 것처럼 과연 나는 부끄러운 자리에 오른 것인가?

감사라는 직위는 그리 대단하거나 그렇다고 사회적으로 주목받을 만한 자리도 못된다. 하물며 정치인도 아닌 처지에 무슨 회고록이나 거창한 자서전을 내려는 것도 아니다. 고작 3년에 불과한 낙하산 출신 감사가 겪은 이야기일 뿐이다.

그럼에도 불구하고 내가 겪은 이야기를 공개하려는 데는 나름대로의 의도가 담겨 있다.

첫 번째는 바로 위에서 지적한 대로 낙하산 인사에 대한 세인들의 편견을 바로 잡고 싶었다. 사실 낙하산 이외의 훌륭한 대안이 있었다면 진작 사라졌을 것이다. 낙하산이 아니라면 조직 내부에서 감사를 선임하는 것을 뜻한다. 이제는 반대로 제 식구 봐주기라는 또 다른 문제를 야기하지는 않겠는가?

대안도 마땅치 않은 처지에 낙하산이라고 무조건 비난과 조롱의 대상으로 치부하는 것은 옳지 않다. 오히려 낙하산을 피할 수 없다면 제대로 의식이 박힌 인사를 뽑으라고 해야 바른 처방이다.

두 번째는 낙하산 감사들이 감사 업무에 대한 본질적 특성을 이해하는 데 조금이라도 도움을 주기 위해서다. 기관마다 위험 요인은 다르다. 예방하는 방법과 사고가 발생할 때 대처하는 방안도 같을 수는 없다. 그럼에도 타인의 유사한 경험은 매우 유용한 무기가 될 수 있다. 특히 감사가 얻어야 할 조직 구성원들로부터의 신뢰는 다른 누가 만들어 주는 것이 아니다.

신뢰를 쌓기는 어렵지만 잃는 것은 순간이다. 신뢰를 잃은 감사는 누구도 그 결과에 승복하지 않는다. 이미 감사로서의 존재 가치를 상실한 것이다. 제대로 감사 노릇을 하려면 자기 자신에게 엄격하여야 한다. 절제와 인내, 냉정과 관용의 슬기로운 선택은 결코 쉽지 않은 감사의 덕목이다.

나는 첫 감사를 맡았던 회사에서 그런 체험을 했다. 그런데 그 기관을 떠난 지 10년 후에 같이 일했던 동료들이 나를 불러 주었다. 그들은 내가 감사를 맡았던 시절을 '전설'이라고 말했다. 내가 바란 것은 '전설'이 아니라 더욱 발전되고 심화된 '전통'이었는데. '전설'이라는 과분한 어휘에 고마운 마음보다는 상실감이 앞섰다.

후배들은 내가 근무했던 감사 시절의 약효가 10년 정도로 끝났다고 탄식했다. 그래서는 안 된다는 생각이 나로 하여금 이 글을 쓰도록 재촉했는지도 모른다.

성경에는 '하나의 밀알' 이야기가 나온다. 나는 직장에서 은퇴하자 곧 귀촌을 하고 농부가 되었다. 농사를 짓다 보면 씨앗을 뿌리고 가꾸는 것까지가 농부의 몫이다. 얼마나 열매를 얻느냐는 하늘에 달렸다.

내가 회사를 떠난 후 감사원은 그 회사를 자체감사 우수기관으로 지정했다. 뿌리는 자와 거두는 자가 다를 수 있는 것이다. 우리네 인생도 마찬가지가 아닐까?

감사라는 직책은 어느 법인에도 존재한다. 그러나 감사를 소재로 한 소설이나 자료는 별로 눈에 띄지 않는다. 그렇다고 내가 이상적인 감사의 모델이라는 생각도 아니다. 더구나 나의 이야기가 자기 자랑으로 들리지 않기를 바란다. 감사라는 직책에 대한 바른 인식과 중요성을 강조하고 싶을 뿐이다.

다만 이야기 중에 본의 아니게 개인의 약점을 들추는 사례가 등장했을 수도 있다. 그래서 가급적이면 개인의 피해가 없도록 이야기를 전개하려고 노력했다. 또한 내가 근무했던 직장의 명예를 떨어뜨리거나 업무상 기밀을 누설하는 일은 없었는지 걱정이 되었다.

그러다 보니 당시에는 긴박한 상황이었다 하더라도 그냥 평이하게 다루기로 했다. 어쩌면 이 글을 읽는 사람들 중에는 어느 기관을 소재로 했는지 쉽게 알아챌 수 있을지도 모른다. 따라서 내가 근무했던 직장에 이 글로 인해 작은 누라도 끼치지 않기를 바란다.

나의 짧은 감사 이야기가 모쪼록 우리 사회에 작은 등불이라도 하나 켜는 것 같은 효과가 있다면 더 바랄 것이 없겠다.

행복한 은퇴자

지 은 이 | 김건중
펴 낸 이 | 박영발
펴 낸 곳 | W미디어
등록 | 제2005-000030호
1쇄 발행 2012년 8월 25일
주   소 | 서울시 양천구 목동 907 현대월드타워 1905호
         전화 6678-0708 / 팩스 6678-0309
         이메일 wmedia@naver.com

ISBN | 978-89-91761-59-9 03300
값 12,000원